WORKBOOK/ LABORATORY MANUAL

¿Cómo se dice...?

WORKBOOK/ LABORATORY MANUAL

¿Cómo se dice...?

EIGHTH EDITION

Ana C. Jarvis
Chandler-Gilbert Community College

Raquel Lebredo
California Baptist University

Houghton Mifflin Company   Boston   New York

Publisher: Rolando Hernández
Sponsoring Editor: Van Strength
Senior Development Editor: Rafael Burgos-Mirabal
Editorial Assistant: Erin Kern
Project Editor: Amy Johnson
Manufacturing Manager: Florence Cadran
Senior Marketing Manager: Tina Crowley Desprez
Associate Marketing Manager: Claudia Martínez

Printed in the U.S.A.

ISBN: 0-618-47146-4

6 7 8 9–VHO–08 07

Contents

Preface

The *Workbook/Laboratory Manual* is a fully integrated component of **¿Cómo se dice...?**, Eighth Edition, a complete introductory Spanish program for the college level. As in previous editions, the *Workbook/Laboratory Manual* reinforces the grammar and vocabulary presented in the **¿Cómo se dice...?** core text and helps to develop your listening, speaking, reading, and writing skills.

The lessons in the *Workbook/Laboratory Manual* are correlated to the student text. Workbook and Laboratory Activities are provided for each of the eighteen textbook lessons. To use this key component of the **¿Cómo se dice...?** program to its best advantage, it is important that you fully understand its organization and contents.

New to the Eighth Edition

Substantially revised for the Eighth Edition of **¿Cómo se dice...?**, the *Workbook/Laboratory Manual*

- includes one activity in each lesson for practicing in-text **Panorama hispánico** culture section.

- replaces directly translating English exchanges with **Situaciones,** situational cues provided in English for lesson-specific self-expression in Spanish.

- has more illustration- and realia-based activities in the *Laboratory Manual* and **Un paso más** sections.

- includes **Hasta ahora... Una prueba** tests which now combine the vocabulary and the structures of the two preceding lessons.

- includes **Un paso más** after the every-two-lesson tests providing one realia-based activity and a writing assignment.

- features two new laboratory activities: an illustration-based comprehension activity (activity **A** under **Ejercicios de comprensión**) and an additional listening-respond activity (**Para contestar**).

Workbook Activities

The Workbook Activities are designed to reinforce the grammar and vocabulary introduced in the textbook and to develop your writing skills. They include sentence completion, sentence transformation, fill-in charts, dehydrated sentences, answering questions, guided situations, crossword puzzles, and illustration-based exercises.

Each odd-numbered Workbook lesson ends with a section entitled *Para leer,* consisting of a reading that re-enters the vocabulary and grammar of the textbook lesson and follow-up questions to test reading comprehension.

After every other lesson, right after the even-numbered lesson Laboratory Manual section, there are two new sections. **Hasta ahora... Una prueba** provides a brief self test or review of the preceding two lessons' vocabulary and structures combined. **Un paso más** offers additional realia-based activities and writing practice.

Laboratory Activities and Audio Program

The Laboratory Activities accompany the *Audio Program* for **¿Cómo se dice...?**, Eighth Edition, which provides approximately nineteen hours of recorded exercises presented by native speakers. The Laboratory Activities include listening, speaking, and writing practice for each lesson under the following headings:

Para escuchar y contestar

Diálogos: The lesson dialogues recorded once at natural speed and once with pauses for student repetition.

Preguntas y respuestas: Questions on the content of the dialogues that verify comprehension and provide oral practice.

Situaciones: An open-ended listening and speaking activity that elicits responses appropriate to situations related topically and structurally to each lesson.

Pronunciación

Pronunciation activities that parallel the pronunciation sections in Lessons 1–9 of the textbook and provide ongoing practice in subsequent lessons. Lessons 10–18 will provide ongoing practice by focusing on dialogue words and phrases that are challenging to pronounce.

¡Vamos a practicar!

A set of three to seven exercises that provide listening and speaking practice and test mastery of the grammar topics introduced in each lesson. Models for these exercises are printed in the Laboratory Activities.

Ejercicios de comprensión

Lively, contextualized conversations that are related to each lesson's theme and are followed by comprehension questions.

Para contestar

A listening-and-response exercise in which you reply to questions according to the cue provided for answers.

Para escuchar y escribir

Tome nota: A listening exercise in which you write information based on what you hear in recorded listening passages containing realistic simulations of radio advertisements, announcements, newscasts, and other types of authentic input.

Dictado: A dictation that reinforces the lesson theme and grammar structures.

An Answer Key to the written exercises and the **Hasta ahora... Una prueba** and **Un paso más** with discrete answers in each lesson is published in a separate booklet that may be packaged with the *Workbook/Laboratory Manual* at the discretion of your school.

The *Workbook/Laboratory Manual*, an important part of the **¿Cómo se dice...?**, Eighth Edition, program, is designed to reinforce the associations of sound, syntax, and meaning needed for effective communication in Spanish. Students who use the *Workbook/Laboratory Manual* and the *Audio Program* consistently will find these components of great assistance in assessing their achievements and in targeting the specific lesson features that require extra review. The *Audio Program* is available for purchase.

We would like to hear your comments on **¿Cómo se dice...?**, Eighth Edition, and on this *Workbook/Laboratory Manual*. Reports of your experiences using this program would be of great interest and value to us. Please write to us care of Houghton Mifflin Company, World Languages, College Division, 222 Berkeley Street, Boston, Massachusetts 02116-3764 or online at college_mod_lang@hmco.com.

Ana C. Jarvis
Raquel Lebredo

Workbook Activities

A. **¿Cómo se escribe...?** Spell the names of the following persons.

1.

Sandra Cisneros

2.
Cruz Bustamante

3.

César Chávez

1. Este (*This*) nombre se escribe así:

   ese-a-ene-de-ere-a ce-i-ese-ene-e-ere-o-ese

2. Este nombre se escribe así:

   ce-ere-u-zeta be-u-ese-te-a-eme-a-ene-te-e

3. Este nombre se escribe así:

   Ce-e-ese-a-cre ce-hache-u-ve-e-zeta

B. **¿Cuántos estudiantes hay?** Write, in Spanish, the number of students that each of the professors has in his/her class.

1. Luis Acosta: 15 (_____quince_____) estudiantes

2. Marta Vega: 24 (_____veinticuatro_____) estudiantes

3. Ana Ruiz: 30 (_____treinta_____) estudiantes

4. Oscar Paz: 14 (_____catorce_____) estudiantes

5. Raúl Montes: 19 (_____diecinueve_____) estudiantes

6. Olga Vera: 13 (_____trece_____) estudiantes

7. Rafael Soto: 17 (_____diecisiete_____) estudiantes

8. Nora Vargas: 12 (_____doce_____) estudiantes

C. Colores You are teaching some Spanish-speaking children to paint. Tell them what colors will result by mixing the following colors.

1. azul y amarillo: verde
2. blanco y rojo: rosado
3. blanco y negro: gris
4. amarillo y rojo: anaranjado
5. azul y rojo: morado

D. Un calendario You are in charge of making a calendar for your Spanish class. Write the days of the week below. Remember that in Spanish-speaking countries the week starts on Monday.

SEPTIEMBRE

lunes	martes	miércoles	jueves	viernes	sábado	domingo
		1	2	3	4	5
6	7	8	9	10	11	12
13	14	15	16	17	18	19
20	21	22	23	24	25	26
27	28	29	30			

E. Las estaciones Keeping in mind that the seasons are reversed in the Southern Hemisphere, write the months that correspond to the following seasons in Argentina.

1. invierno: julio   , agosto   , septiembre
2. primavera: octubre   , noviembre , diciembre
3. otoño: abril   , mayo   , junio
4. verano: enero   , febrero   , marzo

F. Todos nosotros How do you and your friends refer to yourselves and others? Complete the following sentences, using Spanish subject pronouns.

MODELO: You refer to your teachers as . . .
You refer to your teachers as _ellos_.

1. You speak to your best friend and call him   Tú   .
2. You refer to María as   ella   .
3. You address your teacher as   usted   .
4. You refer to your parents and yourself as   nosotros   .

5. Nora and Marisol refer to themselves as ___nosotras_____.

6. You refer to your friends as ___ellos_____.

7. You refer to Mr. Hidalgo as ___usted_____.

8. You speak to your classmates as a group and call them ___ustedes_____.

9. You talk about yourself and say ___yo_____.

G. Una entrevista You work for the school paper and are interviewing a Mexican American student about herself and her friends. Complete the interview, using the correct forms of the verb **ser**.

—¿De dónde ___eres_____ tú?

—Yo ___soy_____ de Arizona.

—¿Y Fernando Monteros?

—Él ___es_____ de Arizona también (*also*).

—¿Ustedes ___son_____ de Phoenix?

—No, nosotros ___somos_____ de Tucson.

—¿Y Anabel y Sara?

—Ellas ___son_____ de California.

H. Situaciones You find yourself in the following situations. What do you say...?

1. You thank someone for a favor and then say good-bye.
   ___Gracias. Adiós_____

2. You greet Miss Rojas in the afternoon and ask how it's going for her.
   ___Buenas tardes! ¿Cómo le va?_____

3. You are saying good-bye to your friend, whom you will see tomorrow. You ask him to say hello to Gustavo.
   ___Hasta mañana. Saludos a Gustavo_____

4. You ask a girl you just met where she is from.
   ___¿De dónde es (usted)?_____

5. You tell a classmate you'll see each other on Monday.
   ___Nos vemos el lunes._____

6. You say that nothing has happened to someone who wants to know what's new with you.
   ___Nada._____

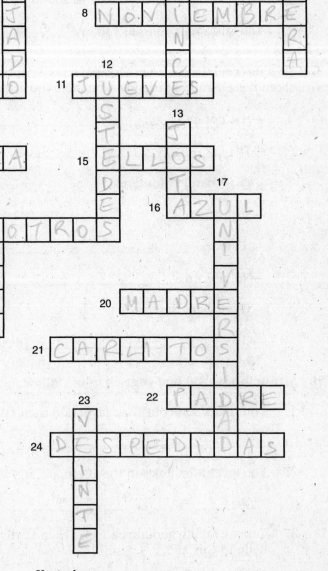

I. Crucigrama

Horizontal

2. sobrenombre de **José**
4. viernes, sábado, _____
5. ¡_____ cumpleaños!
6. signo del zodíaco
8. septiembre, octubre, _____
9. ¿Cuál es tu _____ de teléfono?
11. martes, miércoles, _____
14. dieciséis más catorce
15. ella y él
16. los colores de la bandera (*flag*) americana: rojo, blanco y _____
18. tú y yo
20. mamá
21. diminutivo de **Carlos**
22. papá
24. saludos y _____

Vertical

1. rojo y amarillo
3. otoño, invierno, _____
7. trece más dos
10. Ella es _____; es de Guadalajara.
12. usted y él
13. j
17. Harvard o Yale
19. Marta y yo _____ de México.
23. nueve más once

J. **¿Qué pasa aquí?** (*What's happening here?*) Look at the illustrations and answer the following questions about them.

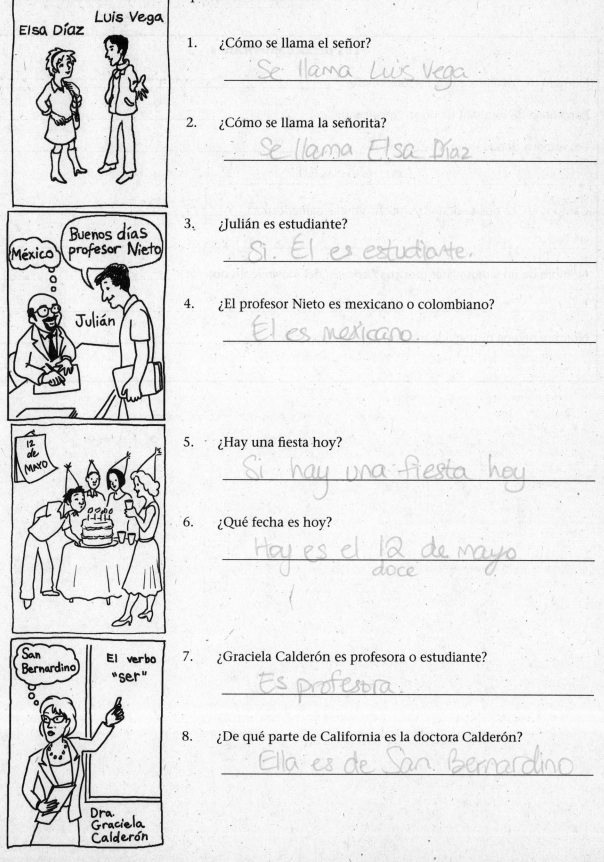

1. ¿Cómo se llama el señor?

   Se llama Luis Vega

2. ¿Cómo se llama la señorita?

   Se llama Elsa Díaz

3. ¿Julián es estudiante?

   Si. Él es estudiante.

4. ¿El profesor Nieto es mexicano o colombiano?

   Él es mexicano.

5. ¿Hay una fiesta hoy?

   Si hay una fiesta hoy

6. ¿Qué fecha es hoy?

   Hoy es el 12 de mayo
   doce

7. ¿Graciela Calderón es profesora o estudiante?

   Es profesora.

8. ¿De qué parte de California es la doctora Calderón?

   Ella es de San Bernardino

Panorama hispánico

Complete the following chart.

Text Pg 28

Los mexicoamericanos

Número de hispanos en los Estados Unidos: Hay unos 40 millones de hispanos

Porcentaje de hispanos de origen mexicano: El 60 por ciento

Los estados donde están concentrados: California, Tejas, Nuevo Mexico y Arizona

Campos en los que se destacan (stand out) muchos mexicoamericanos: la política, la educación, las artes y la literatura

Nombre de un famoso líder mexicoamericano del movimiento obrero (labor): César Chávez

Nombre de una distinguida escritora mexicoamericana: Sandra Cisneros

Laboratory Activities

I. Para escuchar y contestar (To listen and answer)

Diálogos: Un día con María Inés

The dialogues will be read first without pauses. Pay close attention to the speakers' intonation and pronunciation.

En la clase

Mª INÉS	—Buenos días. Usted es el Dr. Trujillo, ¿verdad?
DR. TRUJILLO	—Sí, señorita. Y usted, ¿cómo se llama?
Mª INÉS	—Me llamo María Inés Hidalgo.
DR. TRUJILLO	—Mucho gusto, señorita Hidalgo.
Mª INÉS	—El gusto es mío, profesor.
DR. TRUJILLO	—Tome asiento, por favor.
Mª INÉS	—Gracias.

En la cafetería

Mª INÉS	—Buenas tardes, señora. ¿Cómo está usted?
SEÑORA	—Muy bien, gracias. ¿Y tú, María Inés?
Mª INÉS	—Bien, gracias. Bueno, hasta mañana.
SEÑORA	—Hasta mañana. Saludos a Teresa.
Mª INÉS	—Gracias.

Mª INÉS	—Hola. ¿Cómo están?
RODOLFO	—Bien. ¿Qué hay de nuevo?
Mª INÉS	—Nada. Bueno... no mucho...
RODOLFO	—María Inés: mi amigo Sergio.
Mª INÉS	—Encantada, Sergio.
SERGIO	—Igualmente. ¿De dónde eres, María Inés?
Mª INÉS	—Yo soy de Los Ángeles, pero mi mamá es mexicana y mi papá es de Tejas. Oye, Rodolfo, ¿cuál es tu número de teléfono?
RODOLFO	—Tres-ocho-seis-nueve-cuatro-siete-dos.
Mª INÉS	—Gracias. Bueno, nos vemos el lunes, Rodolfo. Adiós, Sergio.
RODOLFO Y SERGIO	—Adiós.

En el parque

Mª INÉS	—¡Hola! ¿Cómo te llamas?
CARLITOS	— Carlitos.
Mª INÉS	—Yo me llamo María Inés. Oye... ¿hay una fiesta hoy?
CARLITOS	—Sí... es mi cumpleaños...
Mª INÉS	—¡Feliz cumpleaños, Carlitos!
CARLITOS	—Gracias.

En una fiesta

Mª Inés — Buenas noches, señor Paz. ¿Cómo le va?

Sr. Paz — Muy bien, gracias. Señorita, ¿de dónde es usted?

Mª Inés — Yo soy de Los Ángeles. Y ustedes, ¿de dónde son?

Sr. Paz — Nosotros somos de Arizona. Usted es estudiante, ¿verdad?

Mª Inés — Sí, soy estudiante de la Universidad de California.

Now the dialogues will be read with pauses for you to repeat what you hear. Imitate the speakers' intonation and pronunciation.

Preguntas y respuestas (*Questions and answers*)

You will now hear questions about the dialogues. Answer each one, omitting the subject. The speaker will confirm your response. Repeat the correct response.

Situaciones (*Situations*)

The speaker will present several situations based on the dialogues. Respond appropriately in Spanish to each situation. The speaker will confirm your response. Repeat the correct response. Follow the model.

MODELO: You ask your professor where he or she is from.
¿De dónde es usted?

II. Pronunciación (*Pronunciation*)

A. *The sound of the Spanish* ***a***

- Repeat the words in each pair after the speakers, imitating their pronunciation.

English	*Spanish*
alpaca	alpaca
banana	banana
cargo	cargo
canal	canal

- Repeat each word, imitating the speaker's pronunciation.

Ana	Ágata
Marta	sábado
llamas	mayo
analista	hasta mañana

- When you hear the number, read the corresponding sentence aloud. Then listen to the speaker and repeat the sentence.

1. Hasta mañana, Ana.
2. La mamá trabaja.
3. Panamá gana fama.

8   Lección 1, Laboratory Activities

B. *The sound of the Spanish* **e**

- Repeat the words in each pair after the speakers, imitating their pronunciation.

English	***Spanish***
mesa	mesa
preposition	preposición
adobe	adobe
Los Angeles	Los Ángeles

- Repeat each word, imitating the speaker's pronunciation.

qué	usted
enero	Pepe
Ester	teléfono
secretaria	Teresa

- When you hear the number, read the corresponding sentence aloud. Then listen to the speaker and repeat the sentence.
  1. /Te besé y te dejé./
  2. /Mereces que te peguen./

III. ¡Vamos a practicar! (*Let's practice!*)

A. First, read the name and then spell it. The speaker will confirm your response. Repeat the correct response.

> MODELO: Olga
> **o-ele-ge-a**

1. Elena
2. Úrsula
3. Beatriz
4. Gustavo
5. Camila

B. The speaker will name several familiar objects. State the color or colors of each object in Spanish. The speaker will confirm your response. Repeat the correct response. Follow the model.

> MODELO: a violet
> **morado**

C. The speaker will name days of the week. State the day that precedes each day given. The speaker will confirm your response. Repeat the correct response. Follow the model.

> MODELO: martes
> **lunes**

D. The speaker will name a month. Give the month that follows. The speaker will confirm your response. Repeat the correct response. Follow the model.

> MODELO: noviembre
> **diciembre**

E. You will hear some questions. Answer them, using the cues provided and omitting the subject. The speaker will confirm your response. Repeat the correct response. Follow the model.

> MODELO: ¿De dónde es Carlos? (Arizona)
> **Es de Arizona.**

IV. Ejercicios de comprensión (*Comprehension exercises*)

A. You will hear three statements about each picture. Circle the letter of the statement that best corresponds to the picture. The speaker will verify your response.

1.

a b c

2.

a b c

3.

a b c

4.

a b c

5.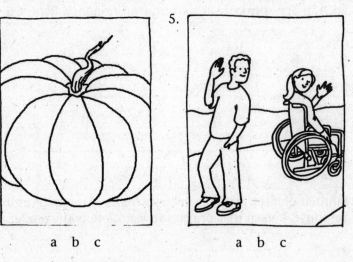

a b c

B. Before listening to the dialogue in this section, study the comprehension questions below. Reviewing the questions ahead of time will help you to remember key information as you listen.

1. ¿La señorita Acosta se llama Isabel o Inés?
2. ¿La señorita Acosta es de Colorado o de México?
3. ¿El Sr. Gómez es de Tejas o de California?
4. ¿La señorita Acosta es profesora o estudiante?
5. ¿La señorita Acosta es estudiante de la Universidad de Arizona o de la Universidad de California?

10 Lección 1, Laboratory Activities

V. Para contestar (To answer)

Answer the speaker's questions, using the cues provided. The speaker will confirm your answers. Repeat the correct response.

1. (California)
2. (San Diego)
3. (San Francisco)
4. (Santa Bárbara)
5. (sí)
6. (martes)
7. (el 2 de mayo)
8. (sí)
9. (el 12 de julio)
10. (Cáncer)

VI. Para escuchar y escribir (*To listen and write*)

Tome nota (*Take note*)

You will hear someone interviewing a woman. First listen carefully for general comprehension. Then, as you listen for a second time, fill in the information requested.

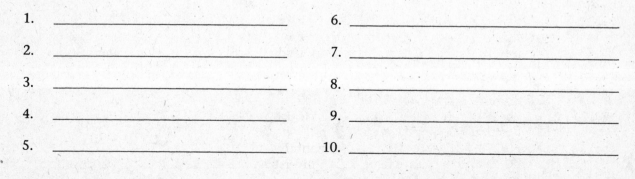

ENTREVISTA

Nombre: _____

Ciudad: _____ País° _____ *country*

Profesión: _____

Dictado (*Dictation*)

A. The speaker will say some numbers. Write each one in words in the space provided. Each number will be read twice.

1. _____
2. _____
3. _____
4. _____
5. _____

6. _____
7. _____
8. _____
9. _____
10. _____

B. The speaker will read six sentences. Each sentence will be read twice. After the first reading, write what you heard. After the second reading, check your work and fill in what you missed.

1. _____

2. _____

3. _____

4. _____

5. _____

6. _____

Laboratory Activities

I. Para escuchar y contestar

Diálogos: El primer día de clases

The dialogues will be read first without pauses. Pay close attention to the speakers' intonation and pronunciation.

Gloria, una chica cubanoamericana, habla con un muchacho de El Salvador.

GLORIA —¿Qué hora es?
JULIO —Son las diez y cuarto. ¿A qué hora es la clase de inglés?
GLORIA —A las diez y media. ¡Caramba! ¡Es tarde! Oye, Julio, ¿Olga y tú estudian en la biblioteca esta noche?
JULIO —No, yo trabajo en el hospital por la noche. Olga estudia con José Luis.
GLORIA —¡Pero chico! Tú trabajas por la tarde también. ¡Y tomas cinco clases! ¿Cuándo estudias?
JULIO —Los sábados y los domingos.
GLORIA —¡Necesitas más tiempo para estudiar!
JULIO —Sí, y también necesito más dinero. Oye, ¿deseas estudiar conmigo el sábado por la mañana?
GLORIA —¡Sí! ¿Estudiamos en mi casa? Y por la tarde vamos a la Calle Ocho.
JULIO —Buena idea. ¿Cuál es tu dirección?
GLORIA —Calle Quinta, número 120. Y mi número de teléfono es 3-54-67-98.
JULIO —(Anota la dirección y el número de teléfono de Gloria) ¡Perfecto! Nos vemos el sábado.

Por la tarde, Gloria conversa con una chica norteamericana.

SANDRA —Oye, Gloria, ¿cómo se dice "*backpack*" en español?
GLORIA —Se dice "mochila".
SANDRA —Gracias. El español es un idioma difícil.
GLORIA —No, Sandra. ¡Es fácil! Pero necesitas practicar todos los días.
SANDRA —¿Tú hablas otros idiomas?
GLORIA —Sí, hablo francés y un poco de portugués. ¿Y tú?
SANDRA —Yo hablo italiano.
GLORIA —¿En serio?
SANDRA —¡Sí! Pizza... ravioles.
GLORIA —¡Ay, chica! ¡En ese caso yo hablo chino!

Now the dialogues will be read with pauses for you to repeat what you hear. Imitate the speakers' intonation and pronunciation.

Preguntas y respuestas

You will now hear questions about the dialogues. Answer each one, omitting the subject. The speaker will confirm your response. Repeat the correct response.

Situaciones

The speaker will present several situations based on the dialogues. Respond appropriately in Spanish to each situation. The speaker will confirm your response. Repeat the correct response. Follow the model.

MODELO: You ask how to say "chair" in Spanish.
¿Cómo se dice *"chair"* en español?

II. Pronunciación

A. *The sound of the Spanish* **i**

- Repeat the words in each pair, imitating the speaker's pronunciation.

English	*Spanish*
director	director
diversion	diversión
Lidia	Lidia
inspector	inspector
tropical	tropical

- Repeat each word, imitating the speaker's pronunciation.

sí	días	necesitar
dice	cinco	hospital
inglés	dirección	domicilio

- When you hear the number, read the corresponding sentence aloud. Then listen to the speaker and repeat the sentence.
  1. Fifí mira a Rin-Tin-Tín.
  2. Mimí dice que es difícil vivir aquí.

B. *The sound of the Spanish* **o**

- Repeat the words in each pair, imitating the speaker's pronunciation.

English	*Spanish*
noble	noble
no	no
opinion	opinión
Colorado	Colorado

- Repeat each word, imitating the speaker's pronunciation.

no	Mario	noche
como	once	ocho
poco	número	teléfono

- When you hear the number, read the corresponding sentence aloud. Then listen to the speaker and repeat the sentence.

  1. Yo como pollo con Rodolfo.
  2. Lolo compró los loros.

C. *The sound of the Spanish **u***

- Repeat the words in each pair, imitating the speaker's pronunciation.

English	*Spanish*
universal	universal
club	club
Hugo	Hugo
humor	humor
Uruguay	Uruguay

- Repeat each word, imitating the speaker's pronunciation.

estudiar	puerta
usted	luz
Susana	universidad
mucho	gusto

- When you hear the number, read the corresponding sentence aloud. Then listen to the speaker and repeat the sentence.

  1. Las universidades uruguayas están en las urbes.
  2. Úrsula usa uniforme únicamente en el club.

III. ¡Vamos a practicar!

A. You will hear several singular nouns, each preceded by a definite or an indefinite article. Make the nouns and the articles plural. The speaker will confirm your response. Repeat the correct response. Follow the model.

> MODELO: el alumno
> **los alumnos**

B. Your friend's watch is always running ten minutes behind. Correct him when he says what time it is. The speaker will confirm your response. Repeat the correct response. Follow the model.

> MODELO: Son las seis.
> **No, son las seis y diez.**

C. Give a negative response to each question you hear. Include the subject in your answer. The speaker will confirm your response. Repeat the correct response. Follow the model.

> MODELO: —¿Uds. trabajan en el hospital?
> **—No, nosotros no trabajamos en el hospital.**

D. Answer the following questions to indicate ownership, using the cues. The speaker will confirm your response. Repeat the correct response. Follow the model.

> MODELO: —¿Es el lápiz de Rosa? (María)
> —**No, es el lápiz de María.**

1. (Carlos)   3. (Elisa)   5. (Rodolfo)
2. (la profesora)   4. (Irene)

IV. Ejercicios de comprensión

A. Turn to Section IV in your lab manual. You will hear three statements about each picture. Circle the letter of the statement that best corresponds to the picture. The speaker will verify your response.

1.

a b c

2.

a b c

3.

a b c

4.

a b c

5.

a b c

B. Before listening to the narration in this section, study the comprehension questions below. Reviewing the questions ahead of time will help you to remember key information as you listen.
1. ¿Daniel es cubanoamericano o mexicoamericano?
2. ¿Daniel estudia en una universidad de Los Ángeles o estudia en una universidad de Miami?
3. ¿Daniel toma clases por la mañana o por la noche?
4. ¿Daniel trabaja en un hospital o en la biblioteca?
5. ¿Daniel estudia por la tarde o por la noche?
6. ¿Daniel habla un idioma o tres idiomas?

V. Para contestar

Answer the speaker's questions, using the cues provided. The speaker will confirm your answers. Repeat the correct response.

1. (las ocho)
2. (la mañana)
3. (la biblioteca)
4. (no)
5. (cinco)
6. (el sábado)
7. (difícil)
8. (no)
9. (sí)
10. (una computadora)

VI. Para escuchar y escribir

Tome nota

You will hear two people talking. First listen carefully for general comprehension. Then, as you listen for a second time, fill in the information requested.

Nombre del profesor: _____

Nombre de la estudiante: _____

Día: _____

Hora: _____

Número de estudiantes: _____

Dictado

A. The speaker will read some numbers. Write each one in the space provided. Each number will be read twice.

1. _____   6. _____

2. _____   7. _____

3. _____   8. _____

4. _____   9. _____

5. _____   10. _____

B. The speaker will read six sentences or phrases. Each sentence will be read twice. After the first reading, write what you heard. After the second reading, check your work and fill in what you missed.

1. _____

2. _____

3. _____

4. _____

5. _____

6. _____

Hasta ahora... Una prueba (*So far . . . A quiz*)

You have finished lessons 1 and 2. How much have you learned so far about structure and vocabulary?

A. Complete the following exchanges, using the present indicative of the verbs given.

1. —¿De dónde _____ ustedes? (ser)

    —Nosotros _____ de California, pero _____ español.

    (ser / hablar)

2. —¿El doctor Fuentes _____ profesor de español? (ser)

    —Sí, _____ en la Universidad de California. También

    _____ francés. (trabajar / hablar)

3. —¿ Tú _____ estudiante? (ser)

    —Sí, _____ en la Universidad de Arizona. (estudiar)

4. —¿A qué hora _____ ustedes? (regresar)

    —Yo _____ a la una y Rosa _____ a las dos.

    (regresar / regresar)

5. —¿De dónde _____ usted, señorita? (ser)

    —Yo _____ de Tejas. (ser)

6. —¿Cuántas clases _____ tú? (tomar)

    —Dos, pero _____ tomar dos más (*more*). (desear)

B. How much does everybody need? Indicate this, by using the verb **necesitar** appropriately and writing the numbers in Spanish. (Hint: dollars: **dólares**)

1. Fernando / 15

    _____

2. yo / 98

    _____

3. Eva y Mario / 79

    _____

4. tú / 45

_____

5. Sergio y yo / 64

_____

6. ustedes / 53

_____

7. Marisol / 100

_____

8. usted / 32

_____

9. las chicas / 86

_____

10. nosotras / 27

_____

C. Arrange the following words and phrases in groups of three, according to categories. Examples of categories: greeting questions, courtesy phrases, writing instruments, etc.

Mucho gusto.	platicar	dirección	Hasta mañana	amarillo
tablilla de anuncios	día	lengua	bolígrafo	negro
muchacho	pizarra	¿Qué tal?	blanco	martes
Muchas gracias.	Nos vemos.	hablar	domicilio	gris
El gusto es mío.	francés	jueves	calle	lápiz
¿Cómo estás?	despedida	despedida	azul	chico
Muy amable.	conversar	pluma	idioma	amigo
¿Cómo te va?	De nada.	mapa	verde	

1. _____   _____   _____

2. _____   _____   _____

3. _____   _____   _____

4. _____   _____   _____

5. _____   _____   _____

6. _____   _____   _____

7. _____   _____   _____

8. _____   _____   _____

9. _____   _____   _____

10.   _____   _____   _____

11.   _____   _____   _____

12.   _____   _____   _____

13.   _____   _____   _____

Name _____ Section _____ Date _____

Un paso más (*A step further*)

A. Taking into account this student's class schedule, answer the questions that follow.

Horario de clases

Nombre del estudiante _____*Marcel Dubois*_____

hora	lunes	martes	miércoles	jueves	viernes	sábado	aula[1]
7 – 8							
8 – 9	Español	Español	Español	Español			115
9 – 10	Física		Física		Física	Tenis	223
10 – 11	Sociología		Sociología		Sociología		180
11 – 12	Geología		Geología		Geología		210
1 – 2							
2 – 3							

Consejero[2] _____*David Sald var*_____

[1]classroom   [2]adviser

1. ¿De dónde es Marcel probablemente (probably): de París o de Madrid?

   _____

2. ¿Marcel toma clases de siete a ocho?

   _____

3. ¿Qué idioma estudia Marcel?

   _____

4. De nueve a diez, ¿Marcel habla de Isaac Newton o de Freud en su (*his*) clase?

5. ¿Qué clase toma Marcel los lunes, miércoles y viernes de diez a once?

    _____

6. ¿Hasta (*Until*) qué hora toma clases Marcel?

    _____

7. ¿Cuántas clases toma Marcel los martes y jueves?

    _____

8. ¿Qué días juega (*plays*) Marcel al tenis?

    _____

9. ¿Marcel toma clases por la tarde?

    _____

10. ¿En qué aula es la clase de español?

    _____

11. ¿La clase de sociología es en el aula 190?

    _____

12. ¿Quién es David Saldívar?

    _____

B. Combine the vocabulary and the structure learned in lessons 1 and 2 to give information about yourself. Include name, origin, address and phone number, classes, schedule, work, study habits, things needed, etc. Write at least ten statements.

Laboratory Activities

I. Para escuchar y contestar

Diálogos: Dos puertorriqueñas en Nueva York

The dialogues will be read first without pauses. Pay close attention to the speakers' intonation and pronunciation.

Olga Carrera y su compañera de cuarto, Mariana Zayas, conversan en la sala de su apartamento mientras comen sándwiches y beben café. Las chicas viven en Nueva York, donde trabajan y asisten a la universidad de CUNY. Olga es morena, alta, bonita y muy inteligente. Mariana es baja, rubia y muy simpática.

MARIANA —Tengo que llenar la solicitud de empleo de la compañía Sandoval. Necesito ganar más dinero.

OLGA —Pero tú no tienes conocimiento de computadoras... y no tienes la experiencia necesaria...

MARIANA —¡Pero tengo problemas económicos! A ver... (Lee el anuncio en el periódico.) Debe hablar, leer y escribir portugués...

OLGA —Tú no hablas portugués.

MARIANA —Pero recibo mensajes electrónicos de mi amiga de Brasil... y no son en castellano.

OLGA —Oye, el teléfono...

Mariana contesta el teléfono. Es Rafael.

MARIANA —Hola.

RAFAEL —Hola. ¿Está Mariana?

MARIANA —Sí, con ella habla. ¿Rafael?

RAFAEL —Sí. ¿Cómo estás, Mariana?

MARIANA —Más o menos. ¿Qué hay de nuevo?

RAFAEL —No mucho. Oye, mañana tenemos el examen parcial en la clase de historia. ¿Estudiamos esta noche?

MARIANA —Sí. ¿Por qué no vienes aquí, a mi apartamento?

RAFAEL —Buena idea. Nos vemos a las seis. Oye... ¿está Olga?

MARIANA —Sí, un momento. (*Llama a Olga.*) ¡Olga! ¡Tu novio!

OLGA —¿Qué tal, mi amor?

RAFAEL —Bien. Oye, mi vida... Mariana y yo tenemos que estudiar, pero después... ¿deseas beber algo en el café París?

OLGA —Bueno... tengo que escribir un informe para mi clase de literatura, pero... ¡acepto tu invitación! ¡Chau!

MARIANA —¡Ajá! ¡Con razón Rafael viene a estudiar conmigo!

Después de estudiar, Rafael lleva a Olga y a Mariana a tomar algo.

Preguntas y respuestas

You will now hear questions about the dialogues. Answer each one, omitting the subject. The speaker will confirm your response. Repeat the correct response.

Situaciones

The speaker will present several situations based on the dialogues. Respond appropriately in Spanish to each situation. The speaker will confirm your response. Repeat the correct response. Follow the model.

> MODELO: You ask if Carlos is at home.
> **¿Está Carlos?**

II. Pronunciación

Linking

Turn to Section II in your lab manual. When you hear the number, read the corresponding sentence aloud. Then listen to the speaker and repeat the sentence.

1.   Trabajan y asisten a la universidad.
2.   Lee el anuncio en el periódico.
3.   Tenemos el examen en la clase de historia.
4.   Tengo que escribir un informe.
5.   Lleva a Olga y a Mariana a tomar algo.

III. ¡Vamos a practicar!

A.   Answer each question you hear, in the affirmative, using the appropriate possessive adjectives. The speaker will confirm your response. Repeat the correct response. Follow the model.

> MODELO: —¿Es tu amigo?
> **—Sí, es mi amigo.**

B.   The speaker will read several phrases. Repeat each phrase, and then change each adjective according to the new cue. Make sure the adjectives agree with the nouns in gender and number. The speaker will confirm your response. Repeat the correct response. Follow the model.

> MODELO: el profesor español
> la profesora
> **la profesora española**
> los profesores
> **los profesores españoles**
> las profesoras
> **las profesoras españolas**

C. Answer each question you hear, in the negative, using the subject in your answer. The speaker will confirm your response. Repeat the correct response. Follow the model.

> MODELO: —¿Abres la puerta?
> **—No, yo no abro la puerta.**

D. Answer each question you hear, using the cue provided. The speaker will confirm your response. Repeat the correct response. Follow the model.

> MODELO: —¿Quién viene hoy? (Carlos)
> **—Carlos viene hoy.**

1. más tarde
2. Teresa
3. a las seis
4. sí
5. no
6. sí
7. Marisa
8. no

E. Certain people are not doing what they are supposed to do. Say what they have to do. The speaker will confirm your response. Repeat the correct response. Follow the model.

> MODELO: Tú no estudias.
> **Tú tienes que estudiar.**

IV. Ejercicios de comprensión

A. Turn to Section IV in your lab manual. You will hear three statements about each picture. Circle the letter of the statement that best corresponds to the picture. The speaker will verify your response.

1.

a b c

2.

a b c

3.

a b c

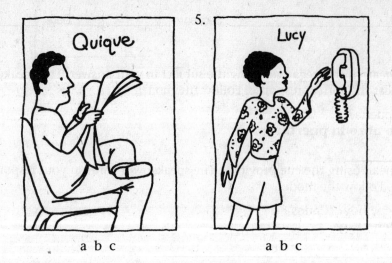

4. Quique   5. Lucy

a b c   a b c

B. Before listening to the dialogues in this section, study the comprehension questions below. Reviewing the questions ahead of time will help you to remember key information as you listen.

1. ¿Dónde come Rosa mañana? cafetería
2. ¿Tiene que estudiar? no
3. ¿Está Carmen? No está
4. ¿A qué hora regresa? las 3 de la tarde
5. ¿Alicia tiene conocimiento de computadoras? no
6. ¿Alicia tiene experiencia? no
7. ¿Alicia habla portugués? no
8. ¿Qué no debe llenar Alicia? la sol.

V. Para contestar

The speaker will ask you some questions. Answer each question, using the cue provided. The speaker will confirm your response. Repeat the correct response.

1. (sí)
2. (no, simpáticos)
3. (no, parcial)
4. (sí, todos los días)
5. (no)
6. (sí)
7. (realista)
8. (sí)
9. (soltero)
10. (Roberto)

VI. Para escuchar y escribir

Tome nota

You will hear a brief telephone conversation. First listen carefully for general comprehension. Then, as you listen for a second time, fill in the information requested.

Compañía: _____

Mensaje telefónico para: _____

De parte de: _____

Hora: _____

Mensaje: _____

_____

Dictado

A. The speaker will say some numbers. Write each one in the space provided. Each number will be read twice.

1. _____

2. _____

3. _____

4. _____

5. _____

6. _____

B. The speaker will read six sentences. Each sentence will be read twice. After the first reading, write what you heard. After the second reading, check your work and fill in what you missed.

1. _____

2. _____

3. _____

4. _____

5. _____

6. _____

Lección 4

Laboratory Activities

I. Para escuchar y contestar

Diálogos: Julia visita la Ciudad de México

The dialogues will be read first without pauses. Pay close attention to the speakers' intonation and pronunciation.

Julia Lara, una chica méxicoamericana que vive en Colorado con su familia, visita México por primera vez. Acaba de llegar del aeropuerto con sus primos y ahora está en la casa de sus tíos, que están muy contentos con la llegada de la muchacha. Julia va a pasar la Navidad y el Año Nuevo con ellos.

Doña Luz —¡Bienvenida, hijita! ¡Ay! ¡Dame un abrazo! ¿Cómo estás? ¿Y cómo está mi hermano... tu papá...? ¿Tienes hambre?

Lupita —¡Mamá! ¡Una pregunta a la vez! ¡La pobre Julia está aturdida!

Julia —(Abraza a su tía.) Estoy bien, gracias, tía. Y su hermano... está bien, también. Y no tengo hambre, pero tengo mucha sed...

Doña Luz —(A su hijo Mario) Mario, una soda para tu prima.

Julia —Prefiero un vaso de agua, tía.

Don Rodolfo —¿Cómo estás, sobrina? ¿Qué tal el viaje?

Julia —Muy bien, tío. Estoy un poco cansada, pero estoy muy contenta de estar aquí con ustedes.

Por la noche, Julia está en el cuarto de Lupita. Las dos primas conversan.

Lupita —Mañana vamos a ir al parque de Chapultepec y por la noche vamos a ir al cine con unos amigos.

Julia —¡Perfecto! También quiero ir a una tienda por la tarde. Oye, ¿qué vamos a hacer pasado mañana?

Lupita —Pasado mañana damos una fiesta aquí, en casa. Es el santo de mi abuelo.

Julia —Ah, sí don Gustavo.

Lupita —Sí, él vive con nosotros. Mamá va a preparar mucha comida y vamos a tener mariachis...

Julia —¡Entonces quiero sacar muchas fotos! ¿Vamos a bailar?

Lupita —Sí. Muchos de nuestros amigos van a venir a la fiesta y van a querer bailar contigo.

Julia —¿Cuántas personas están invitadas?

Lupita —Unas cincuenta... O más, porque muchos vecinos van a venir también.

Julia —¿Y cuándo empiezan las posadas?

Lupita —La semana que viene. Este fin de semana pensamos ir a una discoteca de la Zona Rosa. Oye... es tarde.

Julia —Tienes razón. ¡Son las once! ¡Pero no tengo sueño! Quiero platicar un rato más.

Now the dialogue will be read with pauses for you to repeat what you hear. Imitate the speakers' intonation patterns.

Preguntas y respuestas

You will now hear questions about the dialogue. Answer each one, omitting the subject. The speaker will confirm your response. Repeat the correct response.

Situaciones

The speaker will present several situations based on the dialogue. Respond appropriately in Spanish to each situation. The speaker will confirm your response. Repeat the correct response. Follow the model.

MODELO: You ask a child if he is hot.
¿Tienes calor?

II. Pronunciación

A. *The sound of the Spanish **b** and **v***

- Repeat each word, imitating the speaker's pronunciation.

veinte	bien
venir	baile
Viviana	bebida
Víctor	sobrina

- When you hear the number, read the corresponding sentence aloud. Then listen to the speaker and repeat the sentence.
  1. ¿Vas a Burgos para buscar a Viviana?
  2. Victoria baila con Vicente Barrios.
  3. En el verano, Bárbara va a Varsovia con Basilio.

B. *The sound of the Spanish **d***

- Repeat each word, imitating the speaker's pronunciation.

delgado	universidad
de	sábado
debe	bebida
dos	adiós

- When you hear the number, read the corresponding sentence aloud. Then listen to the speaker and repeat the sentence.
  1. Dorotea mide dos yardas de seda.
  2. ¿Cuándo es la boda de Diana y Dionisio?
  3. ¿Por dónde anda Delia, doña Dora?

C. *The sound of the Spanish **g** (before **a**, **o**, or **u**)*

- Repeat each word, imitating the speaker's pronunciation.

delgado	Durango
guapo	gusto
gordo	Gabriel

- Repeat the following words.

amigo	hago
pregunta	llega
uruguaya	Hugo

- Repeat the following words.

Guevara	guitarra
Guillermo	guerra
alguien	

- When you hear the number, read the corresponding sentence aloud. Then listen to the speaker and repeat the sentence.
  1. Gustavo Guerrero ganó la guerra.
  2. El águila lanzó la daga en el agua.
  3. El gordo guardó la guitarra en el gabinete.

III. Vamos a practicar

A. Answer each of the following questions, using the second alternative given. The speaker will confirm your response. Repeat the correct response. Follow the model.

> MODELO: —¿Vas a ir con ellas o con nosotros?
> **—Voy a ir con ustedes.**

1. (Luis)
2. (primas)
3. (amiga)
4. (profesora)
5. (cuadernos)

B. Answer each question you hear, using the cue provided. The speaker will confirm your response. Repeat the correct response. Follow the model.

> MODELO: —¿A quién llamas? (profesor Vega)
> **—Llamo al profesor Vega.**

1. (doctor)
2. (club)
3. (señor López)
4. (novia de Luis)
5. (profesora)
6. (amigo de Juan)

C. You will hear several statements, each followed by a question. Answer each question, using the cue provided. The speaker will confirm your response. Repeat the correct response. Follow the model.

> MODELO: —Luis va a la fiesta. ¿Y tú? (al baile)
> **—Yo voy al baile.**

1. (con Raúl)
2. (con Carmen)
3. (el domingo)
4. (en Colorado)
5. (no)
6. (el domingo)

D. You will hear some statements about what people do on different occasions. Using the cues provided, respond by saying what the new subjects are *going* to do. The speaker will confirm your response. Repeat the correct response. Follow the model.

MODELO:　Ana trabaja los lunes. (yo / los sábados)
Yo voy a trabajar los sábados.

1. (nosotros / por la mañana)　3. (Anita / el viernes)　5. (ellos / entremeses)
2. (tú / los martes)　4. (yo / a las seis)

E. The speaker will ask several questions. Answer each one, using the cue provided. The speaker will confirm your response. Repeat the correct response. Follow the model.

MODELO:　—¿Adónde quieren ir ustedes? (a la universidad)
—Queremos ir a la universidad.

1. (a las siete)　4. (no, esta tarde)　7. (sí)
2. (a las ocho)　5. (sí)
3. (no, con Antonio)　6. (a las diez)

F. Use expressions with **tener** to say how the people described in each statement feel, according to the situation. The speaker will confirm your response. Repeat the correct response. Follow the model.

MODELO:　I am in Alaska in January.
Yo tengo mucho frío.

IV. Ejercicios de comprensión

A. You will hear three statements about each picture. Circle the letter of the statement that best corresponds to the picture. The speaker will verify your response.

1.

2.

3.

　　　a　b　c　　　　　　　　a　b　c　　　　　　　a　b　c

4.

RAÚL   NORA

a b c

5.

ELSA

a b c

B. Before listening to the dialogues in this section, study the comprehension questions below. Reviewing the questions ahead of time will help you to remember key information as you listen.

1. ¿Por qué no quiere comer Estela? no ten he
2. ¿Estela tiene sed? sí
3. ¿Qué prefiere tomar?
4. ¿Cuántos años tiene Marta? 20
5. ¿Qué celebra Marta hoy? cumplea
6. ¿Dónde va a dar Marta la fiesta? a su casa
7. ¿A qué hora empieza la fiesta? las 10.
8. ¿Jorge está invitado a la fiesta?
9. ¿Por qué quiere bailar Silvia?
10. ¿Qué va a abrir Silvia?

V. Para contestar

Answer the questions you hear, using the cues provided. The speaker will confirm your answers. Repeat the correct answer.

1. (cine)
2. (la casa de mi familia)
3. (parque de diversiones)
4. (mi mamá)
5. (museo)
6. (mi vecino)
7. (ir a una discoteca)
8. (mi tía)
9. (sí, un rato)
10. (sí)

VI. Para escuchar y escribir

Tome nota

You will hear a young man describe his birthday party. First listen carefully for general comprehension. Then, as you listen for a second time, fill in the information requested.

¡Es una fiesta de _____!

Para _____

Día _____

Hora _____

Lugar _____

Dictado

The speaker will read six sentences. Each sentence will be read twice. After the first reading, write what you heard. After the second reading, check your work and fill in what you missed.

1. _____

2. _____

3. _____

4. _____

5. _____

6. _____

Hasta ahora... Una prueba

You have finished lessons 3 and 4. How much have you learned about structure and vocabulary?

A. Complete the following exchanges, using the present indicative of the verbs given.

1. —¿Dónde _____ (estar) tú ahora?

    —_____ (Estar) en la casa de mi tía.

    —¿Tus padres _____ (venir) hoy?

    —No, porque no _____ (tener) tiempo.

    —¿Tú _____ (querer) ir a la fiesta de Ada?

    —Sí, (yo) _____ (ir) con Antonio. ¿Y tú?

    —Yo _____ (preferir) ir al cine.

2. —¿Dónde _____ (comer) ustedes?

    —Nosotros _____ (comer) en la cafetería y después _____

    (ir) a la biblioteca.

    —¿A qué hora _____ (cerrar) ellos la biblioteca hoy?

    —A las diez. ¿Tú _____ (ir) esta noche?

    —Sí, _____ (ir) a las siete.

3. —¿Tú _____ (dar) fiestas los sábados?

    —No, yo _____ (dar) fiestas los viernes.

    —¿Dónde _____ (vivir) tú?

    —Yo _____ (vivir) en la calle Ocho.

    —¿Adónde _____ (pensar) ir tú y Carlos mañana?

    —_____ (Pensar) ir a la fiesta del club.

    —¿A qué hora _____ (empezar) la fiesta?

    —A las ocho.

B. Solve these arithmetic problems.

1. siete mil + cuatro mil + cien + cuatrocientos = _____

2. cuatrocientos mil + trescientos mil = _____

3. doscientos ochenta + trescientos veinte = _____

4. cuatrocientos cincuenta + cuatrocientos noventa = _____

5. setenta mil + treinta mil + ochocientos = _____

C. Complete the following exchanges, using the Spanish equivalent of the words in parentheses.

1. —Estela es _____ . (*a very pretty girl*)

   —Ella vive en _____ . (*our house*)

   —¿Cuántos años tiene ella?

   —_____ años. (*She's nineteen*)

2. —¿Jorge está _____ , Anita? (*with you*)

   —Sí, está _____ . (*with me*)

   —¿Uds. _____ hoy? (*are going to study*)

   —Sí, con _____ . (*Mr. Soto's son*)

3. —¿Tú visitas _____ los domingos? (*your parents*)

   —Sí, pero mañana ellos _____ (*are going to be busy*)

4. —¿ _____ un vaso de agua, señorita? (*Do you want*)

   —Sí, por favor. _____ . (*I'm very thirsty*)

   —¿Desea _____ ? (*to have something to eat*)

   —No, gracias. _____ . (*I'm not hungry*)

D. Arrange these words and phrases in groups of three, according to categories.

tener sed	hija	nervioso	abuela	alegre	periódico	habitación
tener hambre	querer	primo	concierto	tomar	brindis	amable
comer algo	cine	empleo	animado	diario	mi amor	asistir
encantador	venir	bonita	salud	preferir	solicitud	enojado
pasado mañana	vino	frustrado	morena	en casa	pelirroja	mi vida
la semana que viene	leer	linda	trabajo	cortés	beber	abrazar
entusiasmado	ir	comida	desear	simpática	hermana	
este fin de semana	tío	rubia	sobrino	teatro	cuarto	

1. _____ _____ _____

2. _____ _____ _____

3. _____   _____   _____

4. _____   _____   _____

5. _____   _____   _____

6. _____   _____   _____

7. _____   _____   _____

8. _____   _____   _____

9. _____   _____   _____

10. _____   _____   _____

11. _____   _____   _____

12. _____   _____   _____

13. _____   _____   _____

14. _____   _____   _____

15. _____   _____   _____

16. _____   _____   _____

17. _____   _____   _____

18. _____   _____   _____

Hasta ahora… Una prueba (Lecciones 3 y 4)   **63**

Un paso más

Octubre

lunes	martes	miércoles	jueves	viernes	sábado	domingo
1	2 Conferencia Dra. Nieto	3	4 Discoteca 11:00	5 Concierto 8:30	6	
7	8 Examen de francés	9	10 Informe de sociología	11	12 Tenis Sergio 9:00	13
14 Examen de matemáticas	15	16 Tía Marta viene de Guanajuato	17	18	19 Fiesta de cumpleaños (Eva)	20
21 Llevar a Nora al aeropuerto	22	23 Examen de física	24	25	26 Picnic— Playa Preparar sándwiches	27
28 Examen de biología	29	30 Dentista 2:00	31			

A. El mes de octubre en el calendario de Verónica Answer the questions below, according to what Verónica's calendar reflects.

1. ¿Cuántos exámenes tiene Verónica en octubre?

   _____

2. ¿En qué fecha da la Dra. Nieto una conferencia?

   _____

3. ¿Dónde va a ser el picnic?

   _____

4. ¿Qué tiene que preparar Verónica para el picnic?

   _____

5. ¿De dónde viene la tía de Verónica?

   _____

6. ¿Quién celebra su cumpleaños este mes?

   _____

7. ¿Da una fiesta?

   _____

8. ¿A qué hora es el concierto?

   _____

9. ¿Para qué clase tiene que escribir Verónica un informe?

   _____

10. ¿Verónica piensa ir a la discoteca el sábado?

    _____

11. ¿Con quién va a jugar (*play*) al tenis?

    _____

12. ¿Qué idioma estudia Verónica?

    _____

13. ¿Adónde tiene que ir Verónica el 30 de octubre?

    _____

14. ¿A qué hora tiene que estar en el consultorio (*office*) del dentista?

    _____

15. ¿A quién tiene que llevar Verónica al aeropuerto?

    _____

B. Two Mexican students are coming to your city and are staying for a week. On a separate sheet of paper, prepare a list of all the places they are going to see, the people they are going to meet (*conocer*), and the activities you will organize for them. Make sure they have a wonderful time. Give details!

Lección 5

Laboratory Activities

I. Para escuchar y contestar

Diálogo: En un restaurante

Fernando Madera es de El Salvador, pero vive en la ciudad de Guatemala. Es contador y trabaja en una fábrica. Fernando es casado y su esposa Cristina es guatemalteca, de la ciudad de Antigua. Él es delgado y de estatura mediana. No es muy guapo, pero es inteligente y simpático. Cristina es un poco más baja que él, y es muy hermosa.

En este momento están en un restaurante. Cristina está leyendo el menú.

CRISTINA —Arroz con pollo... biftec con papas al horno o puré de papas, ensalada...pescado frito...

FERNANDO —Yo a veces almuerzo aquí. Preparan una ensalada de camarones muy rica. También tienen langosta...

CRISTINA —La langosta cuesta 80 quetzales. Es un poco cara...

El camarero viene a la mesa.

CAMARERO —¿Qué desean comer?

CRISTINA —Pollo a la parrilla con ensalada y una papa al horno. Para beber, agua mineral. (*A Fernando*) Tengo que contar calorías.

CAMARERO —(*Anota el pedido.*) Muy bien, señora. ¿Y usted, señor?

FERNANDO —Tráigame biftec con papas fritas y sopa de verduras. Para beber, vino tinto. (*A Cristina*) Las papas fritas son más sabrosas que la papa al horno.

El mozo va hacia la cocina.

CRISTINA —Voy a llamar a mamá para ver qué están haciendo los niños. Estoy un poco preocupada...

FERNANDO —¡Cristina! ¡Están en su casa, con su abuela! ¡Están bien! ¡Eres imposible!

Cristina habla por teléfono y después vuelve a la mesa.

CRISTINA —Amanda está estudiando, Fernandito está durmiendo y mamá está mirando su telenovela. Hay un mensaje electrónico de tu hermano. Lo están pasando muy bien en Cancún. Hace sol, pero no hace calor...

FERNANDO —¡Perfecto! Oye, voy a pedir flan con crema de postre.

CRISTINA —Y yo voy a pedir helado de chocolate...

FERNANDO —¿No estás contando calorías?

CRISTINA —Sí, pero el helado no tiene muchas calorías. Además... hoy es un día especial.

FERNANDO —¿Un día especial...?

CRISTINA —¡Sí! Estamos solos... podemos conversar... Creo que voy a pedir un pedazo de torta y después, café. Mañana vuelvo a mi dieta...

Fernando paga la cuenta y deja una buena propina.

Now the dialogue will be read with pauses for you to repeat what you hear. Imitate the speakers' intonation patterns.

Preguntas y respuestas

You will now hear questions about the dialogue. Answer each one, omitting the subject. The speaker will confirm your response. Repeat the correct response.

Situaciones

The speaker will present several situations based on the dialogue. Respond appropriately in Spanish to each situation. The speaker will confirm your response. Repeat the correct response. Follow the model.

MODELO: You ask the waiter to bring you the menu.
Tráigame el menú.

II. Pronunciación

A. *The sound of the Spanish* **p**

- Repeat each word, imitating the speaker's pronunciation.

perfectamente	tiempo	oportunidad
propina	papá	septiembre
pescado	primo	poder

- When you hear the number, read the corresponding sentence aloud. Then listen to the speaker and repeat the sentence.

1. Para practicar, preciso tiempo y plata.
2. Pablo puede pedirle la carpeta.
3. El pintor pinta un poco para pasar el tiempo.

B. *The sound of the Spanish* **t**

- Repeat each word, imitating the speaker's pronunciation.

nieta	restaurante	practicar
tío	torta	tinto
otro	este	foto

- When you hear the number, read the corresponding sentence aloud. Then listen to the speaker and repeat the sentence.

1. ¿Todavía tengo tiempo o es tarde?
2. Tito trae tomates para ti también.
3. Teresa tiene tres teléfonos en total.

C. *The sound of the Spanish* **c**

- Repeat each word, imitating the speaker's pronunciation.

café	contar	cuñado
nunca	copas	cuánto
calle	simpático	cuándo

- When you hear the number, read the corresponding sentence aloud. Then listen to the speaker and repeat the sentence.

  1. Carmen Cortés compró un coche.
  2. Cándido conoció a Paco en Colombia.
  3. Coco canta canciones cubanas.

D. *The sound of the Spanish* **q**

- Repeat each word, imitating the speaker's pronunciation.

  Quintana   aquí
  Roque   quiere
  queso   Quique

- When you hear the number, read the corresponding sentence aloud. Then listen to the speaker and repeat the sentence.

  1. ¿Qué quiere Roque Quintana?
  2. ¿Quieres quedarte en la quinta?
  3. El pequeño Quique quiere queso.

III. ¡Vamos a practicar!

A. Respond to each statement you hear, using the comparative form. The speaker will confirm your response. Repeat the correct response. Follow the model.

> MODELO: Yo soy alto.
> **Yo soy más alto que tú.**

B. Establish comparisons of equality between the people described in each pair of statements you hear. The speaker will confirm your response. Repeat the correct response. Follow the model.

> MODELO: Jorge es bajo. Pedro es bajo.
> **Jorge es tan bajo como Pedro.**

C. You will hear several statements describing people or places. Using the cues provided, express the superlative. The speaker will confirm your response. Repeat the correct response. Follow the model.

> MODELO: —Tomás es muy guapo. (de la clase).
> **—Sí, es el más guapo de la clase.**

1. (de California)
2. (de la clase)
3. (de la familia)
4. (de la ciudad)

D. Answer each question you hear, using the cue provided. The speaker will confirm your response. Repeat the correct response. Follow the model.

> MODELO: ¿Marcos puede venir hoy? (no)
> **No, no puede venir.**

1. (en la cafetería)
2. (dos dólares)
3. (en enero)
4. (sí)
5. (no)
6. (no)

E. Rephrase each of the following statements, using the present progressive tense. The speaker will confirm your response. Repeat the correct response. Follow the model.

> MODELO: Jorge come ensalada.
> **Jorge está comiendo ensalada.**

F. Combine the phrases given to form sentences, using the appropriate form of **ser** or **estar.** The speaker will confirm your response. Repeat the correct response. Follow the model.

> MODELO: mis padres / de Guatemala
> **Mis padres son de Guatemala.**

G. Using the cues provided, say what the weather is like in each place. The speaker will confirm your response. Repeat the correct response. Follow the model.

> MODELO: ¿Qué tiempo hace en Phoenix? (calor)
> **Hace calor.**

1. (mucho frío)
2. (llover mucho)
3. (viento)
4. (nevar)
5. (haber niebla)

IV. Ejercicios de comprensión

A. You will hear three statements about each picture. Circle the letter of the statement that best corresponds to the picture. The speaker will verify your response.

1.

SEÑORA

    a b c

2.

YOLANDA

Menú

    a b c

3.

HÉCTOR

    a b c

4.

Brrr...

    a b c

5.

Luis

Paco

    a b c

B. Before listening to the dialogues in this section, study the comprehension questions below. Reviewing the questions ahead of time will help you to remember key information as you listen.

1. ¿Rosa y Carlos almuerzan en la cafetería? *no*
2. ¿Dónde almuerzan? *casa*
3. ¿Por qué no almuerzan en la cafetería?
4. ¿Por qué no va a almorzar Luis con Rosa y con Carlos?
5. ¿Qué no recuerda Oscar? *lección de Rita*
6. ¿Cuándo vuela Rita a México? *Mayo*
7. ¿Cuándo vuelve? *Junio*
8. ¿Anita es mayor o menor que Carlos?
9. ¿Quién es más alto? *Carlos*
10. ¿Anita es la hermana de Carlos? *no, prima*

V. Para contestar

Answer the questions, using the cues provided. The speaker will confirm your response. Repeat the correct response.

1. (baja)
2. (menor)
3. (a la parrilla)
4. (en un restaurante)
5. (no)
6. (el mantel y las servilletas)
7. (sol)
8. (té frío)
9. (jugo de frutas)
10. (perro caliente)

VI. Para escuchar y escribir

Tome nota

You will hear a couple ordering food in a restaurant. First listen carefully for general comprehension. Then, as you listen for a second time, fill in the information requested.

	Señora	**Señor**
Comida	_____	_____
	_____	_____
	_____	_____
Bebida	_____	_____
	_____	_____
Postre	_____	_____
	_____	_____

Dictado

The speaker will read six sentences. Each sentence will be read twice. After the first reading, write what you heard. After the second reading, check your work and fill in what you missed.

1. _____

2. _____

3. _____

4. _____

5. _____

6. _____

Lección 5, Laboratory Activities **85**

Workbook Activities

A. Esto y aquello We are pointing to these objects and people. Write the names of the items illustrated, using the Spanish equivalent of the demonstrative adjectives given.

1. this, these

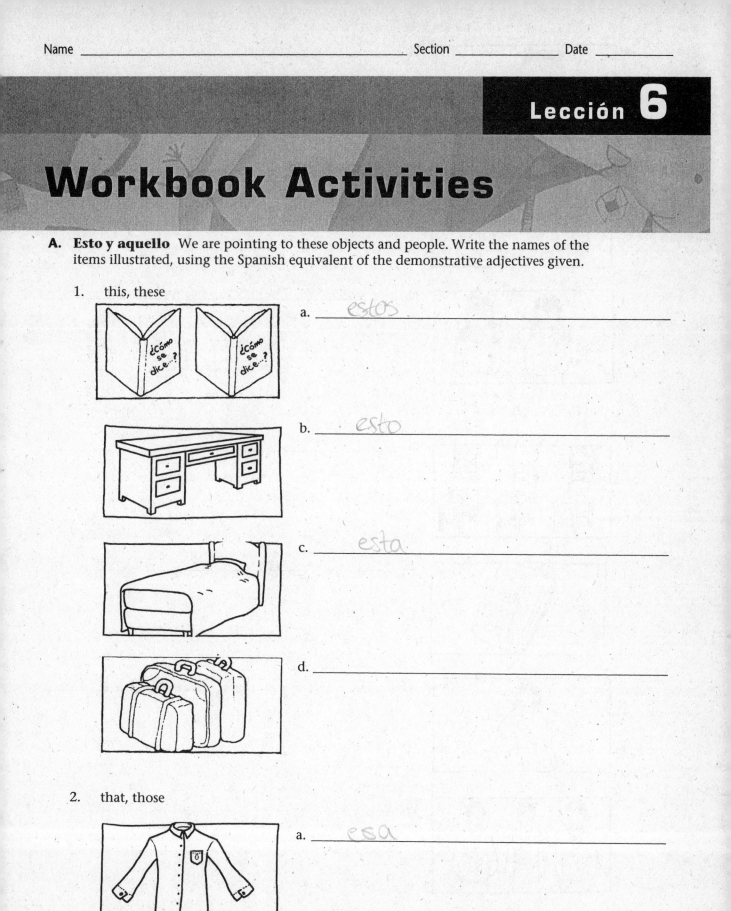

a. _estos_ _____

b. _esto_ _____

c. _esta_ _____

d. _____

2. that, those

a. _esa_ _____

b. _____

c. _____

d. _____

3.   that (over there), those (over there)

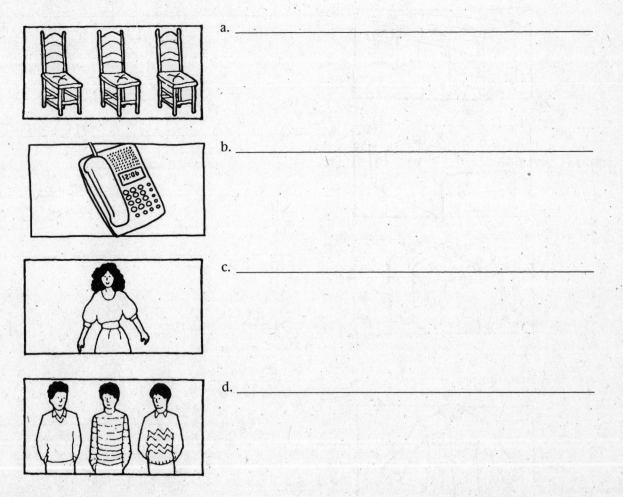

a. _____

b. _____

c. _____

d. _____

Name _____ Section _____ Date _____

B. Para completar Complete the chart below.

Infinitive	yo	tú	Ud., él, ella	nosotros	Uds., ellos
1. servir					
2.	pido				
3.		dices			
4.			sigue		
5.					consiguen

C. De restaurantes y de tiendas Complete the following paragraphs to explain what you and your friends do when you eat out and shop. Use the verbs listed. The numbers in parentheses indicate how many times each verb should be used.

pedir (3)   conseguir (1)   decir (2)   servir (1)

En el restaurante El Azteca _____ los mejores tamales y las mejores

enchiladas. Roberto y yo siempre _____ tamales y Jorge

_____ enchiladas. Nora _____ que nosotros siempre

_____ lo mismo (the same thing).

        Mañana, Jorge va a ir a una tienda donde él siempre _____ discos

compactos de música mexicana. Él _____ que la música de México es la

mejor.

D. Quiero saber... Someone is always asking questions. Complete the following dialogues, using stem-changing verbs. This will give you a chance to review them.

1.   —Carla, ¿tú _____ ir a la fiesta de Juan?

      —Yo no _____ ir porque tengo que trabajar. ¿Tú vas?

      —No, yo _____ ir al club a bailar.

2.   —¿A qué hora _____ a servir el desayuno en el hotel?

      —A las siete. _____ desayuno continental y desayuno americano.

      —¿Cuánto _____ el desayuno continental?

—_____ cinco dólares, pero yo siempre

_____ el desayuno americano.

3. —¿Cuándo _____ Uds. de sus vacaciones?

—_____ en agosto, porque las clases

_____ en septiembre.

—Cuando Uds. van a Chile, ¿_____ o van en coche?

—_____, porque es más rápido (*faster*).

4. —¿Tú _____ en la cafetería?

—No, porque la cafetería _____ a las dos y yo trabajo hasta las tres.

5. —(Yo) no _____ mis llaves. ¿Dónde están?

—Tú siempre _____ tus llaves.

6. —Cuando tus abuelos hablan en italiano, ¿tú _____ lo que (*what*)

_____?

—No, no _____ nada.

E. ¡Al contrario! Someone is quite wrong about Elena and her husband. Set him straight. Rewrite the following story, making all sentences negative.

Elena siempre va a San Francisco y su esposo también va. Siempre compran algo porque tienen mucho dinero. Algunos de sus amigos vienen a su casa los domingos, y Elena sirve vino o refrescos. Elena es muy simpática y su esposo también es muy simpático.

_____

_____

_____

_____

_____

_____

F. Todos los días... Tell about yourself by answering the following questions. Use the cues provided.

1   ¿A qué hora sales de tu casa? (siete)

_____

2. ¿Qué coche conduces? (Ford)

_____

3. ¿Traes los libros a la universidad? (sí)

_____

4. ¿Conoces a muchos de los estudiantes de la universidad? (sí)

_____

5. ¿Sabes el número de teléfono de tu profesor? (no)

_____

6. En la clase, ¿traduces del inglés al español? (sí)

_____

7. ¿Haces los quehaceres por la mañana o por la tarde? (la mañana)

_____

8. ¿Dónde pones tus libros cuando llegas a tu casa? (en mi escritorio)

_____

9. ¿Qué días ves a tus amigos? (los domingos)

_____

G. **¿Qué saben y qué conocen?** What does everybody "know"? Write sentences using **saber** or **conocer** and the elements given.

1. nosotros / Teresa

_____

2. yo / el poema / de memoria

_____

3. Elsa / no / California

_____

4. ellos / cocinar

_____

5. tú / novelas de Cervantes

_____

6. Armando / no bailar

_____

H. ¿Quién hace qué...? Complete the following dialogues, using direct object pronouns.

    MODELO: ¿Ella llama *a Teresa*?
                Sí, ella _____ llama.
                Sí, ella la llama.

1. ¿Ellos *te* visitan?

   Sí, ellos _____ visitan.

2. ¿Tú llamas *a Jorge*?

   Sí, yo _____ llamo.

3. ¿Tú vas a comprar *las revistas*?

   Sí, yo voy a comprar _____.

4. ¿Uds. *nos* llaman (a nosotras)?

   Sí, nosotros _____ llamamos.

5. ¿Jorge va a llevar a *los chicos*?

   Sí, Jorge va a llevar _____.

6. ¿Anita limpia el baño?

   Sí, Anita _____ limpia.

7. ¿Tú *me* llamas mañana? (*Use* **tú** *form*)

   Sí, yo _____ llamo mañana.

8. ¿Ellos *las* llevan (*a Uds.*) a la fiesta?

   Sí, ellos _____ llevan a la fiesta.

9. ¿Ellos *las* llevan (*a ellas*) a la fiesta?

   Sí, ellos _____ llevan a la fiesta.

10. ¿Tú puedes traer *la camisa de Jorge*?

   Sí, yo puedo traer _____.

I. ¡Cuántas preguntas! Your friend is asking you many questions about your plans. Answer them, using the cues provided and the appropriate direct object pronouns.

1. ¿Cuándo puedes traer *las maletas*? (mañana)

   _____

2. ¿Puedes llamar*me* esta noche? (sí) (***tú** form*)

   _____

3. ¿Tú tienes *las sábanas*? (no)

   _____

4. ¿Tú aceptas todas *las invitaciones* que recibes? (sí)

   _____

5. ¿Quién *te* lleva a la parada de autobuses? (mi tío)

   _____

6. ¿Tú vas cortar *el césped* hoy? (sí)

   _____

7. ¿Vas a visitar *a tus amigos* esta noche? (sí)

   _____

8. ¿Quien *los* va a llevar *a Uds*. al aeropuerto? (mi prima)

   _____

J. Situaciones You find yourself in the following situations. What do you say?

1. You ask a friend what he serves at his parties, and ask him where he gets a good red wine.

   _____

2. Describe to a friend all the chores you are going to do next Saturday: wash and fold clothes, iron some shirts, make the beds, and cook.

   Voy a _____

   _____

3. Complain to your roommate. Tell him/her that he/she never helps you with the housework.

   _____

4. Tell a friend that you and your brother are going to be at the bus stop and ask him if he can go pick you up.

   _____

K. Crucigrama

Horizontal

3. Olga me va a _____ a limpiar la casa.
6. opuesto de **nada**
7. Uso Tide para _____ .
8. opuesto de **vender**
9. Nosotros no _____ dónde viven.
12. Lo voy a poner _____ de la cama.
15. El papá de mi esposo es mi _____ .
16. Allí ponemos el coche.
17. La uso para barrer.
18. No voy a barrer. Voy a pasar la _____ .
22. opuesto de **nunca**
23. Voy al mercado para hacer las _____ .
25. Yo pongo la _____ en la cama.
26. habitación

Vertical

1. Ana _____ el piso.
2. La esposa de mi hermano es mi _____ .
4. conocer: yo
5. Ellos van a _____ en autobús.
10. autobús
11. ahora mismo; en _____
13. Rita hace los _____ de la casa.
14. Ellos _____ la basura.
19. *People* es una _____ .
20. Hoy voy a cortar el _____ .
21. El esposo de mi hija es mi _____ .
23. Se usa con un pantalón.
24. Tenemos que _____ los muebles.

L. ¿Qué pasa aquí? Look at the illustration and answer the following questions about what is going on in each apartment on a Saturday morning.

1. ¿Quién está pasando la aspiradora?

   _____

2. ¿Qué va a hacer Eva?

   _____

3. ¿Qué está limpiando Rita?

   _____

4. ¿Qué está haciendo la Sra. Miño?

_____

5. ¿Qué está haciendo Lisa?

_____

6. ¿Qué tiene que hacer José?

_____

7. ¿Qué va a necesitar José para hacerlo?

_____

8. ¿José está mirando una telenovela o está mirando un partido de fútbol?

_____

9. ¿Qué está haciendo Adolfo?

_____

10. ¿Quién está haciendo la cama?

_____

Panorama hispánico

Complete the following charts.

Honduras
Capital: _____
Población: _____
Base de la economía del país: _____
Por ciento de la población que trabaja en la agricultura: _____
Mayor atracción turística del país: _____

Nicaragua

Capital: _____

Lagos importantes: _____ y _____

Ciudades más importantes: _____ , _____ y _____

Base de la economía del país: _____

Principales productos de exportación: _____ , _____ ,

_____ y _____ .

Gran poeta nicaragüense: _____

Laboratory Activities

I. Para escuchar y contestar

Diálogos: Hoy llega tía Nora

The dialogues will be read first without pauses. Pay close attention to the speakers' intonation and pronunciation.

La familia Núñez Arzuaga, de Tegucigalpa, Honduras, está esperando la llegada de doña Nora, la hermana mayor del señor Núñez. Ella vive en Managua y siempre viene a visitarlos en el verano. Hoy, Ester y sus hijos están haciendo los trabajos de la casa.

ESTER —¡Amalia! Yo estoy cocinando. Tú tienes que lavar los platos y barrer la cocina. ¿Dónde está la escoba?

AMALIA —¿Y qué va a hacer Celia mientras yo hago todo el trabajo? ¡Ella nunca hace nada!

CELIA —¡Ja! ¡Eso no es verdad! Yo estoy planchando las camisas de papá...

ESTER —Sí, y después va a hacer las camas y va a cambiar las sábanas.

AMALIA —¿Y Daniel? ¿Está haciendo algo? Él nunca nos ayuda.

ESTER —Él está arreglando su cuarto...

CELIA —¡Ay, mamá! ¿Desde cuándo? Para él, arreglar su cuarto es esconderlo todo debajo de la cama.

ESTER —Pues esta vez tiene que poner las cosas en su lugar, porque tu tía Nora va a usar ese cuarto y Daniel va a dormir en el sofá de la sala.

AMALIA —¿Quién va a hacer las compras en el mercado?

ESTER —Tu papá. (*Llama a su esposo.*) ¡Pedro! Tienes que ir al Mercado Municipal. Y a ver si esta vez consigues carne buena... Aquí tengo la lista...

PEDRO —¡No la necesito! Yo sé lo que tengo que comprar. En seguida vuelvo. (*Sale del cuarto.*)

ESTER —¡Quién sabe lo que va a traer! (*Suspira.*) ¡Qué trabajo tenemos cuando mi cuñada viene a visitarnos...!

AMALIA —¡El año próximo nosotros podemos visitarla a ella! Yo quiero conocer Managua.

CELIA —¡Estoy de acuerdo! Yo también quiero ir a Managua.

AMALIA —¿Papá va a ir a buscar a tía Nora a la parada de autobuses?

ESTER —No, ella dice que es mejor tomar un taxi...

CELIA —¡Tocan a la puerta! (*Mira por la ventana.*) ¡Es tía Nora! ¡Daniel! ¡Rápido! ¡Todo esto va debajo de la cama!

Now the dialogues will be read with pauses for you to repeat what you hear. Imitate the speakers' intonation and pronunciation.

Preguntas y respuestas

You will now hear questions about the dialogues. Answer each one, omitting the subject. The speaker will confirm your response. Repeat the correct response.

Situaciones

The speaker will present several situations based on the dialogue. Respond appropriately in Spanish to each situation. The speaker will confirm your response. Repeat the correct response. Follow the model.

MODELO: You ask a friend if he knows Rafael's address.
            ¿Tú sabes la dirección de Rafael?

II. Pronunciación

A. *The sound of the Spanish* **g**

- Repeat each word, imitating the speaker's pronunciation.

Gerardo	Argentina	recoger
agencia	general	agente
Ginés	inteligente	Genaro

- When you hear the number, read the corresponding sentence aloud. Then listen to the speaker and repeat the sentence.

  1. Gerardo le da el registro al agente.
  2. El general y el ingeniero recogieron los giros.
  3. Ginés gestionó la gira a Argentina.

B. *The sound of the Spanish* **j**

- Repeat each word, imitating the speaker's pronunciation.

Julia	dejar	garaje
jota	hijo	debajo
jugo	viajar	jueves

- When you hear the number, read the corresponding sentence aloud. Then listen to the speaker and repeat the sentence.

  1. Julia juega con Josefina en junio.
  2. Juan Juárez trajo los juguetes de Jaime.
  3. Esos jugadores jamás jugaron en Jalisco.

C. *The sound of the Spanish* **h**

- Repeat each word, imitating the speaker's pronunciation.

hay	Hilda	habitación
Honduras	hermano	hasta
ahora	hotel	hija

- When you hear the number, read the corresponding sentence aloud. Then listen to the speaker and repeat the sentence.

    1. Hay habitaciones hasta en los hoteles.
    2. Hernando Hurtado habla con su hermano.
    3. Hortensia habla con Hugo en el hospital.

III. ¡Vamos a practicar!

A. Answer each of the following questions by saying that you prefer the object that is farthest from you and the speaker, using the verb **preferir** and the equivalent of *that one over there* or *those over there*. The speaker will confirm your response. Repeat the correct response. Follow the model.

  MODELO: —¿Quieres esta lista o ésa?
              —Prefiero aquélla.

B. Answer each question you hear, using the cue provided. The speaker will confirm your response. Repeat the correct response. Follow the model.

  MODELO: —¿Qué piden Uds.? (agua mineral)
              —Pedimos agua mineral.

  1. (pollo y ensalada)   3. (sí)   5. (no)
  2. (a las doce)   4. (sí)

C. Give a negative response to each question you hear. The speaker will confirm your response. Repeat the correct response. Follow the model.

  MODELO: —¿Quieres comprar algunas revistas?
              —No, no quiero comprar ninguna revista.

D. Answer the following questions in the affirmative. The speaker will confirm your response. Repeat the correct response. Follow the model.

  MODELO: —¿Traes a tu amiga a la fiesta?
              —Sí, traigo a mi amiga a la fiesta.

E. Say what or whom the following people know, using **saber** or **conocer** and the cues provided. The speaker will confirm your response. Repeat the correct response. Follow the model.

  MODELO: Sergio (a María)
              Sergio conoce a María.

  1. (hablar español)
  2. (Nicaragua)
  3. (dónde viven)
  4. (las novelas de Cervantes)
  5. (a sus padres)

F. Say that Luis will be able to take the following people to a party in his car. The speaker will confirm your response. Repeat the correct response. Follow the model.

> MODELO: Yo no tengo coche.
> **Luis puede llevarme.**

IV. Ejercicios de comprensión

A. You will hear three statements about each picture. Circle the letter of the statement that best corresponds to the picture. The speaker will verify your response.

1.   a b c

2.   a b c

3.   a b c

4.   a b c

5.   a b c

B. Before listening to the dialogues in this section, study the comprehension questions below. Reviewing the questions ahead of time will help you to remember key information as you listen.

1.   ¿A qué hora llama Sergio a Gloria?
2.   ¿Por qué no puede llamarla a las siete?
3.   ¿Quién tiene los libros de Gloria?
4.   ¿Cuándo piensa visitar Ana a Olga?
5.   ¿Va a invitar a Daniel?
6.   ¿A qué hora sirven la comida en la casa de Amalia?
7.   ¿Quién está sirviendo la comida ahora?

V. Para contestar

The speaker will ask you some questions. Answer each question, using the cues provided. The speaker will confirm your response. Repeat the correct response.

1. (mi mamá)
2. (los sábados)
3. (sí)
4. (los viernes)
5. (París)
6. (sí)
7. (no, nunca)
8. (no)
9. (no)
10. (tres)

VI. Para escuchar y escribir

Tome nota

You will hear a dialogue in which Delia and her husband, Mario, discuss household chores. First listen carefully for general comprehension. Then, as you listen for a second time, list the chores that each one is going to do.

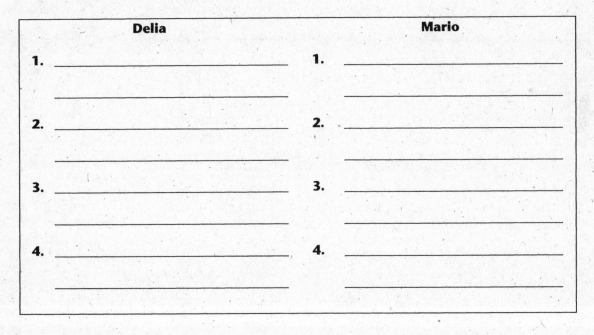

Delia	Mario
1. _____	1. _____
_____	_____
2. _____	2. _____
_____	_____
3. _____	3. _____
_____	_____
4. _____	4. _____
_____	_____

Dictado

The speaker will read six sentences. Each sentence will be read twice. After the first reading, write what you heard. After the second reading, check your work and fill in what you missed.

1. _____

2. _____

3. _____

4. _____

5. _____

6. _____

Hasta ahora... Una prueba

Let's combine the structure and the vocabulary from lessons 5 and 6. How much can you remember?

A. Complete the following exchanges, using the present indicative of the verbs given.

1. —¿Tú ___puedes___ (poder) estudiar conmigo y con Saúl el sábado?

   —Yo no ___conozco___ (conocer) a Saúl... y los sábados, ___salgo___

   (salir) con Roberto.

2. —¿(Ellos) ___sirven___ (servir) comida mexicana en ese restaurante?

   —No necesitamos ir a un restaurante. Yo ___hago___ (hacer) tamales muy

   buenos...

   —Yo no ___sé___ (saber) hacer tamales, pero ___consiguo___

   (conseguir) tacos muy sabrosos en una taquería.

3. —¿Dónde ___almuerzan___ (almorzar) ustedes?

   —___Almorzamos___ (Almorzar) en el restaurante Miramar. Yo siempre

   ___pido___ (pedir) langosta o camarones.

   —Yo siempre ___digo___ (decir) que ese restaurante es excelente.

4. —¿A qué hora ___vuelves___ (volver) tú a tu casa?

   —Si tomo el ómnibus, ___vuelvo___ (volver) a las seis, pero si

   ___conduzco___ (conducir) mi coche, estoy en mi casa a las cinco.

B. Complete the following exchanges, using the Spanish equivalent of the words in parentheses.

1. —¿Necesita ___algo___? (*anything*)

   —Sí, quiero leer ___estas revistas___. (*these magazines*)

2. —¿Quién ___está sirviendo___ la comida? (*is serving*)

   —Mi mamá. Ana ___está estudiando___ y Teresa

   ___está durmiendo___ en su cuarto. (*is studying / is sleeping*)

   —¿Y tú?

   —Yo no ___hago nada___ (*am not doing anything*)

3. —¿Tú vas a fregar los platos?

—Sí. ¿Tú puedes ___los vas a secar___? (*dry them*)

→ —No, no puedo ___ayudar___ (*te*), Anita. Estoy ocupado. (*help you*)

4. —¿Ustedes van a ir a la casa de Marta?

—Sí, ella ___nos necesita___ (*needs us*)

—¿Hay _____ en su casa en ___este___

momento? (*anybody / this*)

—No, ___nadie___ (*there's nobody*)

→ 5. —¿Dónde ___es___ la fiesta de Silvia? (*is*)

—En el hotel Azteca, ___el mejor en___ la ciudad. (*the best in*)

6. —¿Dices que ___está lloviendo___? (*it's raining*)

—Sí, y ___hace muy frío___ (*it's very cold*)

7. —¿Ana ___es mayor que___ Pablo? (*is older than*)

—Sí, pero él ___es muy grande que___ ella. (*is much taller than*)

8. —Esteban ___es___ muy inteligente. (*is*)

—¡Tú ___eres tan___ inteligente ___como___ él! (*are as / as*)

9. —¡El pollo ___está___ muy sabroso! ¿Quieres un pedazo? (*is*)

—No, gracias. No tengo mucha hambre. Voy a comer ___esa___

ensalada. (*that*)

C. Arrange this vocabulary in groups of three, according to the different categories.

a la parrilla	helado	pagar	dormitorio	padrastro
jugo de frutas	frito	cuñada	barrer	cuchillo
lavar la ropa	vino tinto	té frío	comedor	taxi
sala de estar	cuenta	taza	autobús	al horno
pasar la aspiradora	refresco	legumbre	ómnibus	verdura
madrastra	cuchara	camarones	propina	champán
doblar la ropa	suegra	torta	hijastra	langosta
trapear el piso	vaso	pescado	nuera	cerveza
planchar	ensalada	copa	flan	tenedor

1. ___madrastra - stepmother___ ___padastro - stepfather___

2. ___propina - tip___ ___nuera - daughter in law___

3. ___hijastra - stepdaughter___ _____

4. _____   _____   _____

5. _____   _____   _____

6. _____   _____   _____

7. _____   _____   _____

8. _____   _____   _____

9. _____   _____   _____

10. _____   _____   _____

11. _____   _____   _____

12. _____   _____   _____

13. _____   _____   _____

14. _____   _____   _____

15. _____   _____   _____ .

Un paso más

A. Look at this ad for a restaurant, and answer the questions that follow.

Restaurante
EL FAVORITO

Especialidad de la casa: Pescados y mariscos
Menú Internacional

Ambiente familiar
Vista panorámica
Música y baile los
sábados y domigos
Almuerzo y cena

Postres caseros
Vinos importados
Salones privados
para grupos de 12
a 20 personas

Desde el año 1975... ¡Y continuamos sirviendo la comida más fabulosa de Managua!
Para hacer reservaciones, llame al teléfono 63-48-90
Aceptamos tarjetas de crédito°
Abierto de martes a domingo desde las 11 hasta las 23 horas
Calle Central, número 550

credit card

1. ¿Cuál es la dirección del restaurante El Favorito?

   _____

2. ¿Cómo puedo hacer reservaciones?

   _____

3. ¿Puedo comer en el restaurante un lunes?

   _____

4. ¿Qué podemos usar para pagar la cuenta?

   _____

5. ¿Sirven desayuno (*breakfast*) en el restaurante El favorito?

   _____

6. ¿Podemos pedir langosta y camarones en el restaurante?

   _____

7.   ¿Sirven solamente comida típica de Nicaragua?

_____

8.   ¿Cree usted que los postres son buenos? ¿Por qué?

_____

9.   Si yo voy con siete amigos, ¿podemos tener un salón privado?

_____

10.   ¿El restaurante E1 favorito es nuevo?

_____

11.   ¿Es un restaurante adecuado para familias?

_____

12.   ¿Qué podemos hacer los sábados y los domingos?

_____

B.   You are taking the weekend off, so you must do all your household chores during the week. Make a to-do list, indicating what chores you are going to do every day. Include what you are going to prepare for meals. Name at least twelve chores.

Workbook Activities

A. Carlos nos ayuda Carlos is very helpful. Write what he brings to the following people, using indirect object pronouns. Follow the model.

> MODELO: Adela pide una toalla.
> Carlos le trae una toalla.

1. Yo pido jabón.

   _____

2. Uds. piden una cámara fotográfica.

   _____

3. Nosotros pedimos las maletas.

   _____

4. Ud. pide la llave.

   _____

5. Tú pides una cámara de video.

   _____

6. Ernesto pide el almuerzo.

   _____

7. María y Jorge piden la cena.

   _____

8. Estela pide el desayuno.

   _____

B. ¡Qué curioso eres! Someone wants to know what is being done for everybody. Tell him, by answering the following questions, using the cues provided.

1. ¿A quién le vas a dar el dinero? (a Raúl)

   _____

2. ¿Me vas a comprar algo a mí? (no, nada)

_____

3. ¿Qué te va a traer el botones? (el equipaje)

_____

4. ¿Qué nos vas a comprar tú? (un reloj)

_____

5. ¿Qué les sirve a ustedes su mamá? (pollo y ensalada)

_____

6. ¿Cuánto dinero le vas a dar a tu hermana? (cien dólares)

_____

C. Para completar Complete the following chart, using the verb **gustar**.

English	Indirect object	Verb *gustar*	Person(s) or thing(s) liked
1. I like John.	**Me**	**gusta**	**Juan.**
2. I like these suitcases.	**Me**	**gustan**	**estas maletas.**
3. You (*fam.*) like the book.	Te	gusta	el libro
4. He likes the pens.	Le	gustan	las plumas
5. She likes her job.	Le	gusta	su trabajo
6. We like this restaurant.	Nos	gusta	este restaurante
7. You (*pl.*) like this city.	Les	gusta	esta ciudad
8. They like to work.	les	gusta	trabajar
9. I like to dance.	Me	gusta	bailar
10. You (*fam.*) like this hotel.	Te	gusta	este hotel
11. He likes to travel.	Le	gusta	viajar
12. We like this class.	Nos	gusta	esta clase
13. They like their professors.	Les	gustan	sus profesores

D. Preferencias A group of people is going to travel. Say what they like better by rewriting each sentence. Substitute the expression **gustar más** for **preferir**.

MODELO: Ana prefiere viajar con su familia.
A Ana le gusta más viajar con su familia.

1. Yo prefiero viajar en el verano.

   _____

2. Ella prefiere el hotel Hilton.

   _____

3. Nosotros preferimos este restaurante.

   _____

4. Ellos prefieren ir a Panamá.

   _____

5. Tú prefieres las maletas azules.

   _____

6. Ustedes prefieren salir por la mañana.

   _____

E. Para completar Complete the following chart, using the Spanish construction for length of time.

English	Hace	Length of time	que	Subject	Verbs in the present tense
1. I have been studying for three years.	**Hace**	**tres años**	**que**	**(yo)**	**estudio.**
2. You have been working for two days.				(tú)	
3. You have been traveling for a month.				(Ud.)	
4. She has been reading for four hours.					
5. He has been sleeping for six hours.					
6. You have been dancing for two hours.				(Uds.)	
7. They have been writing for two hours.					

F. ¿Cuánto tiempo hace...? Say how long each action has been going on. Follow the model.

MODELO: Son las siete. Trabajo desde (since) las tres.
          Hace cuatro horas que trabajo.

1.   Estamos en diciembre. Vivo aquí desde febrero.

     _____

2.   Son las ocho. Estoy aquí desde las ocho menos veinte.

     _____

3.   Estamos en el año 2005. Estudio en esta universidad desde el año 2003.

     _____

4.   Estamos en noviembre. No veo a mis padres desde julio.

     _____

5.   Son las cuatro de la tarde. No como desde las diez de la mañana.

     _____

Name _____ Section _____ Date _____

G. Para completar Complete the following chart with the corresponding preterit forms.

Infinitive	yo	tú	Ud., él, ella	nosotros	Uds., ellos, ellas
1. hablar	hablé	hablaste	habló	hablamos	hablaron
2. trabajar	trabajé	trabajaste	trabajó	trabajamos	trabajaron
3. cerrar	cerré	cerraste	cerró	cerramos	cerraron
4. empezar	empecé	empezaste	empezó	empezamos	empezaron
5. llegar	llegué	llegaste	llegó	llegamos	llegaron
6. buscar	busqué	buscaste	buscó	buscamos	buscaron
7. comer	comí	comiste	comió	comimos	comieron
8. beber	bebí	bebiste	bebió	bebimos	bebieron
9. volver	volví	volviste	volvió	volvimos	volvieron
10. leer	leí	leíste	leyó	leimos	leyeron
11. creer	creí	creíste	creyó	creimos	creyeron
12. vivir	viví	viviste	vivió	vivimos	vivieron
13. escribir	escribí	escribiste	escribió	escribimos	escribieron
14. recibir	recibí	recibiste	recibió	recibimos	recibieron
15. abrir	abrí	abriste	abrió	abrimos	abrieron

H. La rutina de Miguel Miguel has a daily routine. Change the verbs to the preterit to say what happened yesterday.

Yo salgo de mi casa a las diez y llego a la universidad a las once. Ada y yo estudiamos en la biblioteca y después comemos en la cafetería. Después de las clases trabajo en la oficina. Vuelvo a mi casa a las seis, leo un rato y ceno. Mis padres me llaman a las siete.

_____

_____

_____

_____

_____

_____

_____

_____

I. Una convención These people are attending a convention in Panama. According to their room number, say which floor they are on.

MODELO: Carlos Reyes : 597
Carlos Reyes está en el quinto piso.

1.   Miguel Fuentes: 245

_____

2.   Ángel Batista: 750

_____

3.   Silvia Larra: 386

_____

4.   Arturo Gálvez: 960

_____

5.   Ester Vázquez: 437

_____

6.   Nora Ballesteros: 124

_____

7.   Rubén Acosta: 689

_____

8. Alberto Cortés: 817

_____

9. Caridad Basulto: 1045

_____

J. Situaciones You find yourself in the following situations. What do you say?

1. At a hotel, you ask if they have vacant rooms. You tell them that you don't have a reservation, but your name (*nombre*) is on the waiting list.

_____

_____

2. You ask if the bellhop can take your suitcases to the room. Ask also where the elevator is.

_____

_____

3. You ask a friend if he likes a room with an ocean view or a room with a view of the mountain better.

_____

_____

4. At a hotel, you ask what time you have to vacate the room. You also ask what the rate of exchange is.

_____

_____

5. Back from a trip, you tell your parents that you sent them a postcard and ask if they got it.

_____

_____

Lección 7, Workbook Activities   **117**

K. Crucigrama

Horizontal

2. comida de la mañana
4. Pasan una buena _____ en el cine Rex.
5. ¿A cómo está el cambio de _____ ?
7. valija
9. opuesto de **drama**
11. ascensor
12. hacer una promesa
14. En un hotel, lleva las maletas al cuarto.
17. ¿Puede poner mi nombre en la lista de _____ ?
18. Está en mi cama.
20. Tengo muchas flores en mi _____ .
22. Está en el baño.
23. Nadamos en una _____ .
24. opuesto de **confirmar**

Vertical

25. Viene después del cuarto.
1. Le mandé una _____ postal.
2. Hay _____ y bañadera.
3. ¿Es una habitación doble o _____ ?
4. documento que necesitamos para viajar
6. primero, segundo, _____
8. La necesito para abrir la puerta.
10. chico de catorce años
13. Hay una _____ y un consulado.
15. Hay un ascensor y una escalera _____ .
16. ¿Tienen servicio de _____ ?
19. Es un hombre de _____ .
21. Hoy es martes; _____ fue (*was*) domingo.

L. **¿Qué pasa aquí?** Look at the illustration and answer the following questions.

1.   ¿A qué hora es el desayuno?

_____

2.   ¿A qué hora es el almuerzo?

_____

3.   ¿A qué hora es la cena?

_____

4.   ¿El cuarto es interior?

_____

5.   ¿Es una habitación sencilla o doble?

_____

6.   ¿Tiene el cuarto baño privado?

_____

7.   ¿Cuántas maletas tienen Magali y Javier?

_____

Lección 7, Workbook Activities   **119**

8. ¿Qué no tiene Magali?

_____

9. ¿Qué quiere comprar Magali? ¿Cuánto cuesta?

_____

10. ¿Dónde está Javier?

_____

11. ¿Qué va a pedir Javier?

_____

12. ¿Cuántas toallas hay en el baño?

_____

Para leer

De vacaciones

Marta y su esposo Rubén están de vacaciones, viajando por Costa Rica.
Antes de salir de su casa, llamaron por teléfono al hotel Herradura, en San
José, para reservar una habitación doble con vista a la calle y con aire
acondicionado.

Cuando llegaron al hotel, hablaron con un empleado y recogieron° la
llave de la habitación. El botones llevó las maletas al cuarto y Rubén le dio°
una buena propina. A Marta le gustó mucho la habitación, y después de
descansar° un rato decidieron comer en el restaurante del hotel antes de
salir a pasear° por la ciudad para visitar algunos lugares de interés.

picked up
gave

rest
walk around

¡Conteste!

1. ¿Qué están haciendo Marta y Rubén en Costa Rica?

_____

2. ¿Para qué llamaron al hotel Herradura?

_____

3. ¿En qué ciudad está el hotel?

_____

4. ¿La habitación es con vista a la calle o interior?

_____

5. Marta y Rubén no van a tener calor en su cuarto. ¿Por qué?

    _____

6. ¿Quién llevó las maletas al cuarto?

    _____

7. ¿Qué recibió el botones?

    _____

8. ¿Le gustó la habitación a Marta?

    _____

9. ¿Dónde comieron Marta y Rubén?

    _____

10. ¿Qué visitaron en San José?

    _____

Panorama hispánico

Complete the following charts.

Costa Rica
Capital: _____
Principales productos de exportación: _____ , _____ ,
_____ y _____
Segunda fuente de ingreso:_____
Número de parques nacionales: _____
Porcentaje de personas que saben leer y escribir: _____
Instrumentos musicales más populares: _____ , _____ y
_____

Panamá

Capital: _____

Principal fuente de ingreso: _____

Ciudades más importantes: _____ y _____

Fecha en que el canal pasó a poder de Panamá: _____

Océanos que une el canal: _____ y _____

Deporte más popular: _____

Lección 7

Laboratory Activities

I. Para escuchar y contestar

Diálogo: Una familia panameña en Costa Rica

Rubén Saldaña, su esposa Beatriz y sus hijas Paola y Ariana están en un hotel de San José, la capital de Costa Rica. El Sr. Saldaña es un hombre de negocios y su esposa es maestra. Paola y Ariana son adolescentes.

EMPLEADO	—¿En qué puedo servirle, señor?
RUBÉN	—Me llamo Rubén Saldaña. Mi familia y yo necesitamos una habitación para cuatro personas, con dos camas dobles. Tenemos reservación. Yo llamé anteayer para confirmarla.
EMPLEADO	—A ver... Rubén Saldaña... Sí, señor. Su habitación está en el tercer piso.
ARIANA	—¿Los cuartos tienen televisor? Yo quiero ver mi programa favorito.
PAOLA	—¿Tienen servicio de Internet? Yo necesito mandarle un mensaje instantáneo a Carolina. Hace mucho tiempo que no hablamos.
BEATRIZ	—Hablaste con ella ayer. ¡Y anoche le mandaste una tarjeta postal! Ahora tenemos que llevar el equipaje al cuarto.
EMPLEADO	—Tiene que dejarnos el número de su tarjeta, señor. El botones puede llevar las maletas a su cuarto. (*Le da la llave.*) Aquí tiene la llave. Debe dejarla con nosotros, en la recepción, si sale del hotel.
RUBÉN	—¿El hotel tiene servicio de habitación?
EMPLEADO	—Sí, señor. Sirven la cena hasta las once de la noche.
BEATRIZ	—Rubén... ya cenamos... ¡Y tú comiste muchísimo!
RUBÉN	—Sí, pero me gusta comer algo antes de dormir...
BEATRIZ	—Vamos a nuestro cuarto. ¿Dónde está el ascensor? Estoy cansada.
ARIANA	—Yo voy a usar la escalera. Necesito hacer ejercicio.
PAOLA	—¿El hotel tiene piscina? Yo quiero nadar un rato.

En el cuarto

ARIANA	—Mamá, ¿el cuarto tiene aire acondicionado? Tengo calor.
PAOLA	—No me gusta la cama. El colchón no es muy cómodo...
RUBÉN	—Es tarde. Vamos a dormir. Mañana vamos a ir al jardín Lankester y al parque Braulio Carrillo.
ARIANA	—¡Pero, papá! ¡Estamos de vacaciones! Yo quiero mirar televisión hasta tarde...
BEATRIZ	—Ariana tiene razón. A ver, Rubén... ¿Qué programas te gustan?
RUBÉN	—Bueno...
ARIANA	—A Paola y a mí nos gusta la película que pasan en el canal 4.
RUBÉN	—Bueno... a mí me gusta más mirar las noticias...
BEATRIZ	—A las chicas les gusta la película... ¡Y a mí también! Yo la vi el mes pasado.
RUBÉN	—Buenas noches...
BEATRIZ	—¿Por qué no miras la película con nosotras? Te prometo que te va a gustar. Es una comedia romántica...
RUBÉN	—Hasta mañana...

Now the dialogue will be read with pauses for you to repeat what you hear. Imitate the speakers' intonation patterns.

Preguntas y respuestas

You will now hear questions about the dialogue. Answer each one, omitting the subject. The speaker will confirm your response. Repeat the correct response.

Situaciones

The speaker will present several situations based on the dialogue. Respond appropriately in Spanish to each situation. The speaker will confirm your response. Repeat the correct response. Follow the model.

MODELO: You ask a friend if he likes to travel.
¿Te gusta viajar?

II. Pronunciación

A. *The sound of the Spanish* **ll**

- Repeat each word, imitating the speaker's pronunciation.

calle	llegar	botella
llevar	llave	platillo
cuchillo	pollo	

- When you hear the number, read the corresponding sentence aloud. Then listen to the speaker and repeat the sentence.

1. Allende lleva la silla amarilla.
2. Las huellas de las llamas llegan a la calle.
3. Lleva la llave, los cigarrillos y las botellas.

B. *The sound of the Spanish* **ñ**

- Repeat each word, imitating the speaker's pronunciation.

español	señorita	España
señor	mañana	año
niño	otoño	

- When you hear the number, read the corresponding sentence aloud. Then listen to the speaker and repeat the sentence.

1. La señorita Muñoz le da una muñeca a la niña.
2. La señora española añade vino añejo.
3. Toño tiñe el pañuelo del niño.

III. ¡Vamos a practicar!

A. Respond to the following questions with complete sentences, using the cues provided. The speaker will confirm your response. Repeat the correct response. Follow the model.

> MODELO: —¿Qué me traes?
> **—Te traigo un libro.**

1. (una cámara de video)
2. (la hora)
3. (dinero)
4. (el desayuno)
5. (las maletas)

B. Answer the following questions, using expressions with **gustar** and the cues provided. The speaker will confirm your response. Repeat the correct response. Follow the model.

> MODELO: —¿Prefieres Costa Rica o Panamá? (Costa Rica)
> **—Me gusta más Costa Rica.**

1. (playa)
2. (película)
3. (escalera)
4. (el canal dos)
5. (con vista al mar)
6. (otoño)

C. Answer the following questions, using the cues provided. The speaker will verify your response. Repeat the correct response. Follow the model.

> MODELO: —¿Cuánto tiempo hace que trabajas en este hotel? (dos meses)
> **—Hace dos meses que trabajo en este hotel.**

1. (un año)
2. (diez años)
3. (una hora)
4. (veinte minutos)
5. (dos semanas)

D. Answer the following questions, changing the verbs to the preterit. The speaker will confirm your response. Repeat the correct response. Follow the model.

> MODELO: —¿No vas a estudiar?
> **—Ya estudié.**

E. You will hear nine cardinal numbers. After each one, give the corresponding ordinal number. The speaker will confirm your response. Repeat the correct response. Follow the model.

> MODELO: cinco
> **quinto**

A. You will hear three statements about each picture. Circle the letter of the statement that best corresponds to each picture. The speaker will verify your response.

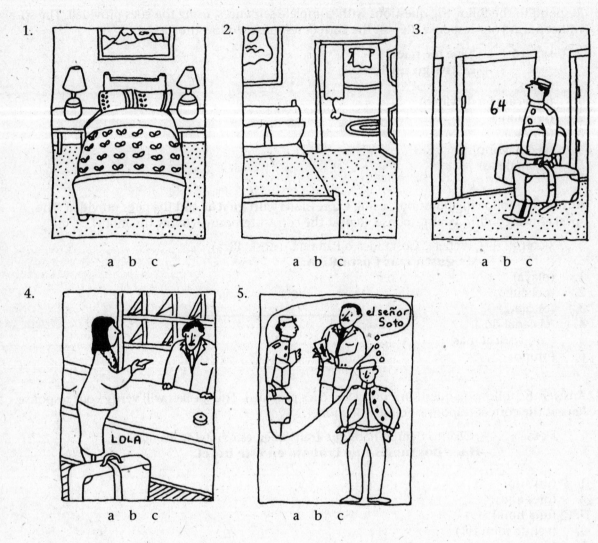

1.

a   b   c

2.

a   b   c

3.

a   b   c

4.

a   b   c

5.

a   b   c

B. Before listening to the dialogues in this section, study the comprehension questions. Reviewing the questions ahead of time will help you to remember key information as you listen.

1. ¿Qué le gustó más a Amelia de su viaje ?
2. ¿Les mandó tarjetas postales a sus amigos?
3. ¿Le escribió a su mamá?
4. ¿En qué piso está la habitación de Teresa?
5. ¿Teresa va a usar el ascensor?
6. ¿Qué va a usar?
7. ¿Por qué va a usar la escalera?
8. ¿Cuánto tiempo hace que Ana conoce a Guillermo?
9. ¿Dónde lo conoció?
10. ¿Le gustó Panamá a Ana?

V. Para contestar

Answer the questions you hear, using the cues provided. The speaker will verify your response. Repeat the correct response.

1. (de vacaciones)
2. (la piscina)
3. (las seis)
4. (mucho tiempo)
5. (sí, mucho)
6. (no)
7. (no)
8. (la escalera mecánica)
9. (a las doce)
10. (el botones)

VI. Para escuchar y escribir

Tome nota

You will hear a radio ad for a hotel in Costa Rica. First listen carefully for general comprehension. Then, as you listen for a second time, fill in the information requested.

— HOTEL SAN JOSÉ —

Dirección: _____

Teléfono: _____

Lista de precios

Habitaciones exteriores   Habitaciones interiores

Dobles: $_____   Dobles: $_____

Sencillas: $_____   Sencillas: $_____

Servicio de restaurante

Desayuno: De _____ a _____

Almuerzo: De _____ a _____

Cena: De _____ a _____

The speaker will read six sentences. Each sentence will be read twice. After the first reading, write what you heard. After the second reading, check your work and fill in what you missed.

1. _____

2. _____

3. _____

4. _____

5. _____

6. _____

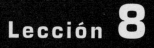

Workbook Activities

A. Para completar Complete the following chart.

English	Subject	pronoun	Indirect object pronoun	Direct object Verb
1. I give it to you.	**Yo**	**te**	**lo / la**	**doy.**
2. You give it to me.	Tú			
3. I give it to him.		se		
4. We give it to her.				damos.
5. They give it to us.				
6. I give it to you. (**Ud.**)				
7. You give it to them.	Tú			

B. Nos ayudamos We all help each other! Who's going to do what? Complete the following sentences, using the appropriate direct and indirect object pronouns.

1. Yo necesito los diccionarios. ¿Tú _____ _____ puedes traer esta tarde?

2. A Teresa le gusta esta orquídea. Yo _____ _____ voy a comprar.

3. Nosotros no tenemos las enciclopedias. Sergio _____ _____ va a conseguir.

4. Tú no tienes el regalo para Raquel. Yo _____ _____ puedo llevar a tu casa hoy.

5. Carlos no sabe dónde está el talonario de cheques. ¿Tú _____ _____ puedes decir?

6. Si tú necesitas estas copas, ellos _____ _____ pueden prestar.

C. De viaje We are going on a trip. Who is sending, buying, or lending necessary items? Answer the following questions, using the cues provided and substituting direct object pronouns for the direct objects.

MODELO: ¿Cuándo me traes el equipaje? (esta tarde)
Te lo traigo esta tarde.

1. ¿Quién te compra los pasajes (*tickets*)? (mi hermano)

   _____

2. ¿A quién le prestas las maletas? (a Carmen)

   _____

3. ¿Quién te va a prestar el dinero? (mi prima) (*two ways*)

   _____

   _____

4. ¿Quién les manda a ellos las tarjetas postales? (sus amigos)

   _____

5. ¿Quién les compra a Uds. la ropa? (mi tía)

   _____

6. ¿Tú puedes traerme los pasaportes? (sí) (*two ways*)

   _____

   _____

D. ¿Qué pasó...? What happened yesterday? Complete the following paragraph, using the preterit of **ser, ir,** and **dar**.

Ayer José Enrique y yo _____ a un restaurante a almorzar para

celebrar su cumpleaños. José Enrique _____ mi compañero de clase

el semestre pasado. Yo le compré un regalo y se lo _____ en el

restaurante. Por la noche sus padres le _____ una fiesta en el Club

Náutico y todos sus amigos _____. _____

una fiesta magnífica.

Name _____ Section _____ Date _____

E. Ayer... These people are talking about what took place yesterday. Complete the following exchanges, using the preterit of the verbs given.

1. **servir / pedir**

   —¿A qué hora _____ ellos el almuerzo?

   —A las doce.

   —¿Qué _____ Uds.?

   —Yo _____ langosta y Aurora _____ camarones.

2. **dormir**

   —¿Cómo _____ Uds.?

   —Yo _____ muy bien, pero Ana y Eva _____

   muy mal.

3. **conseguir**

   —¿Dónde _____ ellos esas copas?

   —En Puerto Rico.

4. **morir**

   —¿Cuántas personas _____ en el accidente?

   —No _____ nadie.

5. **repetir / mentir**

   —Beto dice que el profesor no _____ las preguntas.

   —Beto te _____.

F. ¿Por o para? Look at the pictures below and describe what is happening, using **por** or **para**.

1. _____ pasa

_____ el banco.

2. El _____ es

_____ María.

3. Viajamos _____

_____.

4. Hay vuelos _____

_____.

5. Necesito el vestido (*dress*)

_____.

6. Pagó diez _____

_____.

7. Vengo _____

_____

_____.

8. Me dio _____

_____ comprar

el _____.

G. **Las cosas que pasan** To talk about what is going on, complete each sentence with either **por** or **para**, as appropriate. Indicate the reason for your choice by placing the corresponding number in the blank provided before the sentence.

Uses of ***por***	*Uses of* ***para***
1. motion, *along*	7. destination
2. cause or motive of an action	8. goal for a point in the future
3. means, manner, unit of measure	9. whom or what something is for
4. *in exchange for*	10. *in order to*
5. period of time during which an action takes place	11. objective or goal
6. *in search of*	

_____ 1. Tenemos una sorpresa _____ Elena.

_____ 2. Pagamos cuatro dólares _____ la pluma.

_____ 3. Las chicas caminan _____ la plaza.

_____ 4. Mañana _____ la noche vamos al teatro.

_____ 5. El mozo fue a la cocina _____ el pavo y el lechón.

_____ 6. Mañana te llamo _____ teléfono.

_____ 7. Necesitamos los cubiertos _____ el sábado.

_____ 8. Tengo que traer el mantel _____ poner la mesa.

_____ 9. Esa maleta es _____ mi sobrina.

_____ 10. Carlos estudia _____ profesor.

_____ 11. No podemos dormir afuera (*outside*) _____ la lluvia.

H. **Una visita a mis abuelos** Roberto is talking about his grandparents. Form adverbs from the adjectives below, and then use them to complete what he is saying.

lento y claro	raro	especial	general
desgraciado	probable		

_____ voy al banco los lunes, pero el próximo lunes _____ voy a ir a casa de

mis abuelos. Yo los veo muy _____ , porque _____ ellos viven muy lejos. Voy a

tomar dos días de vacaciones _____ para ir a visitarlos.

    Mi abuela es francesa y a veces no me entiende cuando le hablo en español; siempre tengo

que hablarle _____ y _____ .

I. Situaciones You find yourself in the following situations. What do you say?

1. You ask Mr. Barrios if he slept well last night, and whether they served him breakfast.

   _____

   _____

2. You ask Miss Fuentes whether they gave her the loan she asked for.

   _____

   _____

3. You tell a friend that, unfortunately, the goldfish that you bought for your niece died yesterday.

   _____

   _____

4. You mention that you saved money in order to buy a motorcycle and they stole it from you.

   _____

   _____

J. Crucigrama

Horizontal

5. Siempre lee el horóscopo; es muy ____.
8. Voy a llevar los pantalones a la ____.
9. boca de incendios
10. aparcar
13. Pagó con cheques de ____ .
14. Snoopy es un ____.
17. Saqué dinero del ____ automático.
18 Luis tiene ____ suerte.
20. José me dio un ____ de rosas.
22. Le compramos un ____ para su cumpleaños.
23. No tenemos tarjetas de ____.
25. animal muy lento (*slow*)
27. ¿Dónde está mi ____ de ahorros?
28. poner la fecha
29. No tengo cheques. Voy a pagar en

   ____.
32. fuego
34. Vamos a ____ cien dólares en la cuenta.
35. Elsa pidió un ____ en el banco.
36. Rita va a ____ una cuenta.

Vertical

1. Tengo dos ____ de colores.
2. Me gusta mucho; me ____.
3. El policía me puso una ____.
4. moto
6. opuesto de **gastar**
7. Morris es uno de ellos.
11. pasar
12. Necesito el ____ para buscar una palabra.
14. Raúl necesita dinero. ¿Uds. se lo pueden ____?
15. opuesto de **al contado;** a ____.
16. por desgracia
19. animal que habla
21. flor muy cara
24. No tienen que pagar. Es ____.
26. Tiene alergias. Es ____.
30. lugar donde venden flores
31. Hoy tengo que hacer muchas ____.
33. Mi esposa y yo tenemos una cuenta

   ____.

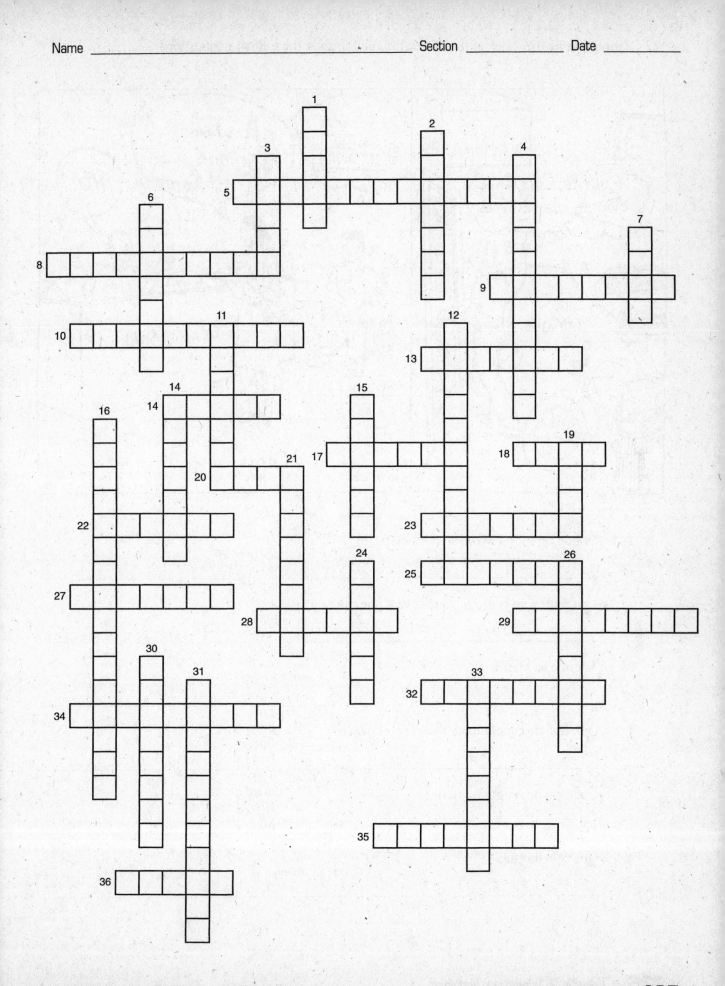

Lección 8, Workbook Activities **135**

K. **¿Qué pasa aquí?** Look at the illustration and answer the following questions.

1. ¿Dónde estaciona Mario su motocicleta?

   _____

2. Si un policía ve la moto, ¿qué le va a poner a Mario?

   _____

3. ¿Adónde va Mario?

   _____

4. ¿Qué tipo de cuenta tiene Mario en el banco?

   _____

5. ¿Qué tipo de cuenta no tiene?

   _____

6. ¿Qué solicita Olga?

   _____

7. ¿Cuánto dinero necesita?

_____

8. ¿Para qué quiere el dinero?

_____

9. ¿Le van a dar el préstamo?

_____

10. ¿Qué piensa solicitar Juan?

_____

Panorama hispánico

Complete the following chart.

Puerto Rico
Capital: _____
Archipiélago al cual pertenece: _____
Área: _____
Parte antigua de la capital: _____
Famosas fortalezas: _____ y _____
Segunda ciudad en importancia: _____
Influencias en su cultura: _____, _____ y
_____
Deporte más popular: _____
Poetisa de fama internacional: _____

Lección **8**

Laboratory Activities

I. Para escuchar y contestar

Diálogos: Un martes 13

The dialogues will be read first without pauses. Pay close attention to the speakers' intonation and pronunciation.

En una casa de la avenida Ponce de León, en San Juan, Puerto Rico, vive la familia Burgos Trinidad: Sara y Luis Burgos y su hijo Edwin. Edwin tiene mucho sueño hoy porque anoche no durmió muy bien. Ahora está desayunando y hablando con su mamá. Le está contando todo lo que le pasó ayer.

MAMÁ	—¿Fuiste a la tintorería a recoger tus pantalones?
EDWIN	—Sí... Ése fue mi primer problema... Estacioné la motocicleta frente a una boca de incendios y un policía me dio una multa.
MAMÁ	—¡Pobrecito! Y después... ¿fuiste al banco?
EDWIN	—Sí, deposité dinero en mi cuenta de ahorros y en mi cuenta corriente. Después pedí un préstamo, pero no me lo dieron.
MAMÁ	—Tu papá tampoco consiguió el préstamo que pidió... ¡Qué mala suerte!
EDWIN	—Después compré dos peces de colores para Martita pero... murieron... Creo que les di demasiada comida.
MAMÁ	—Probablemente. ¿Compraste el regalo para tu novia?
EDWIN	—Sí, pero no se lo di.
MAMÁ	—¿Por qué no? Le compraste un diccionario, ¿no? Un buen regalo para una chica que estudia para maestra...
EDWIN	—Sí, pero su ex novio le regaló una enciclopedia. En fin... fui a la florería y le compré un ramo de rosas.
MAMÁ	—¡Perfecto! Estoy segura de que le encantaron.
EDWIN	—Bueno... desgraciadamente es alérgica a las flores...
MAMÁ	—¡Ay, Edwin! ¡Qué desastre!
EDWIN	—¡Eso no es todo! Ahora tengo que ahorrar dinero para comprar una motocicleta.
MAMÁ	—Pero tú tienes una moto casi nueva...
EDWIN	—¡Se la presté a Raúl y se la robaron!
MAMÁ	—¡Ay, bendito! ¡Ya sé por qué ocurrió todo eso! ¡Ayer fue martes 13!
EDWIN	—Ay, mamá... yo no soy supersticioso... ¡Pero el próximo martes 13 no salgo de casa!

Now the dialogues will be read with pauses for you to repeat what you hear. Imitate the speakers' intonation and pronunciation.

Preguntas y respuestas

You will now hear questions about the dialogue. Answer each one, omitting the subject. The speaker will confirm your response. Repeat the correct response.

Situaciones

The speaker will present several situations based on the dialogue. Respond appropriately in Spanish to each situation. The speaker will confirm your response. Repeat the correct response. Follow the model.

MODELO: You tell your friend that he shouldn't park his motorcycle in front of a fire hydrant.
No debes estacionar tu motocicleta delante de una boca de incendios.

II. Pronunciación

A. *The sound of the Spanish l*

- Repeat each word, imitating the speaker's pronunciation.

Emilio	Silvia	sólo
mala	helado	regalo
capital	él	flores

- When you hear the number, read the corresponding sentence aloud. Then listen to the speaker and repeat the sentence.

1. Aníbal habla español con Isabel.
2. El coronel Maldonado asaltó con mil soldados.
3. El libro de Ángel está en el laboratorio.

B. *The sound of the Spanish r*

- Repeat each word, imitating the speaker's pronunciation.

loro	ahora	tarde
dejar	Teresa	canario
fechar	Ariel	gratis

- When you hear the number, read the corresponding sentence aloud. Then listen to the speaker and repeat the sentence.

1. Es preferible esperar hasta enero.
2. Carolina quiere estudiar con Darío ahora.
3. Aurora y Mirta son extranjeras.

C. *The sound of the Spanish rr*

- Repeat each word, imitating the speaker's pronunciation.

regalo	rosa	Reyes
rico	Rita	Roberto
ramo	Raúl	robar

- When you hear the number, read the corresponding sentence aloud. Then listen to the speaker and repeat the sentence.

  1. El perro corrió en el barro.
  2. Los carros del ferrocarril parecen cigarros.
  3. Roberto y Rita recogen rosas rojas.

D. *The sound of the Spanish* **z**

- Repeat each word, imitating the speaker's pronunciation.

pizarra	vez	Pérez
Zulema	zoológico	taza
lápiz	mozo	azul

- When you hear the number, read the corresponding sentence aloud. Then listen to the speaker and repeat the sentence.

  1. Zulema y el Zorro me dieron una paliza.
  2. ¡Zas! El zonzo Pérez fue al zoológico.
  3. La tiza y la taza están en el zapato.

III. ¡Vamos a practicar!

A. Rephrase each sentence you hear by replacing the direct object with the corresponding direct object pronoun. Be sure to make any other necessary changes. The speaker will confirm your response. Repeat the correct response. Follow the model.

> MODELO: Le traen la libreta de ahorros.
> **Se la traen.**

B. Answer each question you hear, using direct and indirect object pronouns and the cue provided. The speaker will confirm your response. Repeat the correct response. Follow the model.

> MODELO: —¿Quién te manda el periódico? (mi hijo)
> **—Me lo manda mi hijo.**

1. (mi abuela)	3. (a mi prima)	5. (a ti)
2. (el profesor)	4. (a mí)	6. (a los muchachos)

C. Rephrase each sentence you hear, changing the verb to the preterit. The speaker will confirm your response. Repeat the correct response. Follow the model.

> MODELO: Yo voy al banco.
> **Yo fui al banco.**

D. Answer each question your hear in the negative, and then state that your friend did the things you are being asked about. The speaker will confirm your response. Repeat the correct response. Follow the model.

> MODELO: —Tú lo pediste, ¿no?
> **—No, yo no lo pedí. Lo pidió ella.**

1. Tú lo conseguiste, ¿no?   3. Tú lo repetiste, ¿no?
2. Tú la serviste, ¿no?   4. Tú me seguiste, ¿no?

Now listen to the new model.

> MODELO: —Uds. pidieron el café, ¿no?
> **—No, nosotros no lo pedimos. Lo pidieron ellos.**

5. Uds. sirvieron la cena, ¿no?   7. Uds. siguieron a José, ¿no?
6. Uds. repitieron la lección, ¿no?   8. Uds. consiguieron los peces, ¿no?

E. Answer each question you hear, using the cue provided. Pay special attention to the use of **por** or **para** in each question. The speaker will confirm your response. Repeat the correct response. Follow the model.

> MODELO: —¿Para quién es el dinero? (Rita)
> **—El dinero es para Rita.**

1. (el lunes)   4. (quinientos dólares)   7. (mañana por la mañana)
2. (sí)   5. (sí)   8. (un reloj)
3. (quince días)   6. (dinero)

IV. Ejercicios de comprensión

A. You will hear three statements about each picture. Circle the letter of the statement that best corresponds to the picture. The speaker will verify your response.

1.

a b c

2.

a b c

3.

a b c

4.   a   b   c   5.   a   b   c

B. Before listening to the dialogues in this section, study the comprehension questions below. Reviewing the questions ahead of time will help you to remember key information as you listen.

1.   ¿Qué les pasó a los peces de colores?
2.   ¿Anita les dio mucha comida?
3.   ¿Qué les dio Anita?
4.   ¿Qué le compró Dora a Paco?
5.   ¿Qué quiere Paco?
6.   ¿Qué dice Dora de los monos?
7.   ¿Por qué no le puede comprar un gato?

V. Para contestar

Answer the questions you hear, using the cues provided. The speaker will confirm your answers. Repeat the correct answer.

1.   (banco)   6.   (sí, con Ana)
2.   (muchas diligencias)   7.   (no / gratis)
3.   (a las diez)   8.   (no / tarjeta de crédito)
4.   (sí)   9.   (los pantalones)
5.   (no, a plazos)   10.   (no)

VI. Para escuchar y escribir

You will hear two friends talking. First listen carefully for general comprehension. Then, as you listen for a second time, fill in the information requested.

Nombre de la florería: _____

Para la mamá:

  Flores: _____

  Ocasión: _____

Para su esposa:

  Flores: _____

  Ocasión: _____

Para Julia:

  Flores: _____

  Ocasión: _____

Dictado

A. The speaker will read six sentences. Each sentence will be read twice. After the first reading, write what you heard. After the second reading, check your work and fill in what you missed.

1. _____

2. _____

3. _____

4. _____

5. _____

6. _____

Hasta ahora... Una prueba

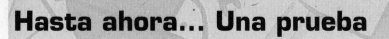

Let's combine the structure and the vocabulary learned in lessons 7 and 8. How much can you remember?

A. Complete the following exchanges, using the preterit of the verbs given.

1. —¿Adónde _____ (ir) ustedes ayer?

   — _____ (Ir) al cine. Después, Carlos _____ (llevar) a José al

   parque. ¿Y tú? ¿ _____ (Almorzar) con tu mamá?

   —Sí, _____ (almorzar) con ella.

   —¿Qué _____ (comer) (ustedes)?

   —Yo _____ (pedir) biftec y ella _____ (pedir) pescado.

2. —¿Tú _____ (ser) estudiante de la Dra. Peña?

   —Sí, ella _____ (ser) mi profesora el año pasado. Me _____ (dar)

   una "A". Yo _____ (aprender) mucho en su clase.

   —¿(Tú) _____ (escribir) el informe para la clase de francés?

   —No, desgraciadamente mi hermano no me _____ (conseguir) el libro que (yo)

   le _____ (pedir).

3. —¿Cómo _____ (dormir) usted anoche, señora?

   —No muy bien. (Yo) _____ (trabajar) hasta muy tarde y _____

   (llegar) a mi casa a las diez. Esta mañana, mi hija me _____ (servir) el

   desayuno en la cama. ¡Yo le _____ (dar) un abrazo!

B. Answer the following questions, using the cues provided. Whenever possible, substitute direct object pronouns for the direct objects.

1. ¿Qué les gusta hacer a ustedes los sábados? (ir a bailar)

   _____

2. En un hotel, ¿te gusta más estar en el primer piso o en el décimo piso? (en el décimo piso)

   _____

3. ¿Qué les vas a mandar a tus amigos? (una tarjeta postal)

   _____

4. ¿Cuánto tiempo hace que conoces a tu mejor amigo? (cuatro años)

   _____

5. ¿Cuándo puedes traerme el libro que te pedí? (mañana)

   _____

6. ¿Tú puedes darle las flores a tu abuela? (sí)

   _____

7. ¿Tú le diste el diccionario a tu amigo? (no)

   _____

8. ¿Cuándo te pidió tu amigo la motocicleta? (anteayer)

   _____

9. ¿Qué nos vas a traer de la florería? (un ramo de rosas)

   _____

10. ¿Qué le dieron ustedes a su padre? (una maleta)

   _____

C. Arrange this vocabulary in groups of three, according to categories.

cuenta corriente	desayuno	maleta	contador	piscina
con tarjeta de crédito	pensamiento	televisor	escalera	cena
desgraciadamente	confirmar	estacionar	lavabo	conejo
desafortunadamente	ducha	maestro	elevador	bañadera
hacer reservación	por desgracia	viajar	clavel	
pasar una película	en efectivo	almuerzo	ayer	
estar de vacaciones	tortuga	alberca	nadar	
con cheque de viajero	equipaje	aparcar	banco	
hombre de negocios	valija	anteayer	anoche	
tarjeta de turista	margarita	cancelar	canal	
cuenta de ahorros	parquear	ascensor	mono	

1. _____   _____   _____

2. _____   _____   _____

3. _____   _____   _____

4. _____   _____   _____

5. _____   _____   _____

6. _____   _____   _____

7. _____   _____   _____

8. _____   _____   _____

9. _____   _____   _____

10. _____   _____   _____

11. _____   _____   _____

12. _____   _____   _____

13. _____   _____   _____

14. _____   _____   _____

15. _____   _____   _____

16. _____   _____   _____

Hasta ahora... Una prueba (Lecciones 7 y 8)   **147**

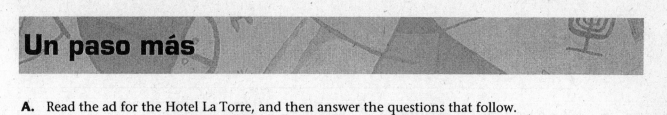

Un paso más

A. Read the ad for the Hotel La Torre, and then answer the questions that follow.

HOTEL LA TORRE

¡Para gozar de unas vacaciones fabulosas en la playa!

Servicio de transporte desde el aeropuerto

Dos restaurantes

Servicio de fax

Salones para reuniones

Gimnasio

Dos piscinas

Tienda de regalos

Actividades especiales para niños

Servicio de habitación

Para alquilar: tablas de mar, parasoles y bicicletas

Todos los cuartos tienen:
Baño privado con ducha y bañadera · Televisor y videocasetera
Microondas y refrigerador · Teléfono · Balcón con mesa y sillas
Aire acondicionado

**Llame hoy mismo para hacer reservaciones
al número 465-39-27**

1. ¿Dónde está el hotel La Torre?

   _____

2. ¿Por qué no necesitamos tener coche (*car*) para ir desde el aeropuerto al hotel?

   _____

3. ¿A qué número tenemos que llamar para hacer reservaciones?

   _____

4. ¿Podemos mirar la tele en nuestro cuarto?

   _____

5. ¿Puedo llamar a alguien desde mi cuarto?

   _____

6. ¿Voy a tener calor en el cuarto?

   _____

7. ¿Qué podemos alquilar (*rent*) en el hotel?

   _____

8. ¿Podemos comer en nuestro cuarto si no queremos ir a un restaurante?

   _____

9. ¿Puedo hacer ejercicio en el hotel?

   _____

10. Si quiero comprar recuerdos (*souvenirs*), ¿dónde puedo hacerlo?

    _____

11. Si no quiero ir a la playa, ¿dónde puedo nadar?

    _____

12. Si traigo algunos refrescos a mi cuarto, ¿dónde puedo ponerlos?

    _____

B. Write a memo to your assistant. Tell him or her what has to be done: reserve a room at a hotel and run some errands. Tell him or her what accommodations you want (i.e. **un cuarto con...**, **un hotel con...**) and how long you're going to be there. Tell him/her also what errands he/she has to run.

Workbook Activities

A. Mi rutina diaria This is my daily routine. Rewrite it twice, changing the subject **yo** first to **tú** and then to **él**.

Yo me despierto a las seis de la mañana y me levanto a las seis y cuarto. Me baño, me lavo la cabeza, me afeito y me visto. A las siete y media me voy a trabajar. Trabajo hasta las cinco y luego vuelvo a casa. No me preocupo si llego tarde. Leo un rato y luego como con mi familia. Siempre me acuesto a las diez pero no me duermo hasta las once porque miro las noticias (*news*).

Tú   _____

_____

_____

_____

_____

_____

_____

Él   _____

_____

_____

_____

_____

_____

_____

B. Review of personal pronouns. Complete the following dialogues, using the appropriate subject and object pronouns.

1. —Alicia, ¿_____ quieres ir al banco hoy?

    —No, _____ estoy muy ocupada hoy. Teresa puede ir con _____.

    —_____ voy a llamar por teléfono y _____ voy a decir que tiene que ir

    con _____.

2. —¿A qué hora _____ levantaron Uds. hoy?

    —_____ levantamos a las seis. ¿Y tú?

    —_____ _____ levanté a las ocho.

    —¿_____ escribiste a tus padres hoy?

    —No, pero _____ llamé por teléfono.

3. —¿Para quién es el regalo? ¿Es para mí?

    —Sí, es para _____. ¿_____ gusta?

    —Sí, _____ gusta mucho. Gracias. Oye, ¿a quién _____ vas a dar el reloj?

    —_____ _____ voy a dar a mi hermano.

    —_____ va a gustar mucho.

4. —¿A Ud. _____ gusta esta mesa, señora?

    —Sí, pero no _____ voy a comprar, porque es muy cara. Yo _____ tengo
    que mandar dinero a mi hijo.

    —¿Dondé está _____?

    —En Santo Domingo.

5. —¿Quién _____ va a llevar a Uds. a la fiesta?

    —_____ va a llevar Carmen. Oye, ¿Hugo _____ llamó hoy? Quiere hablar contigo.

    —Sí, _____ llamó esta mañana. _____ voy a ver esta noche.

C. Comentarios These are coments that people make. Complete them, using the Spanish equivalent of the words in parentheses.

1. Anita, tienes que _____. (*wash your hands*)

2. _____ es más importante que _____. (*Liberty / money*)

3. Ella dice que _____ son más inteligentes que _____ (*women / men*)

4. Ellos se van a poner _____. (*their white shirts*)

5. Tienes que lavarte _____. (*your hair*)

6. No me gusta _____; prefiero _____. (*wine / soft drinks*)

7. _____ va a _____ con nosotros. (*Mr. Mena / church*)

8. Nosotros tenemos clases _____ a _____. (*on Mondays / nine*)

D. Fuimos de compras Everyone went shopping and Nora wants to know to whom things belong. Answer her questions, using the appropriate possessive pronouns.

MODELO: —¿Teresa compró este libro?
         —Sí, es suyo.

1. ¿Tú compraste estas camisas?

    _____

2. ¿Yo compré esta revista? (*Use* **tú** *form*)

    _____

3. ¿Roberto compró estos diccionarios?

    _____

4. ¿Tú y yo compramos este reloj?

    _____

5. ¿Amalia compró esta mochila?

    _____

E. Comparaciones To make comparisons, complete the following with the Spanish equivalent of the words in parentheses.

1. Mi novio es muy guapo. ¿Cómo es _____ , Anita? (*yours*)

2. La casa de Olga queda lejos, pero _____ queda muy cerca. (*his*) (*Clarify!*)

3. Los hermanos de Graciela viven en Santo Domingo. _____ viven en La Habana. (*Mine*)

4. La profesora de ellos es de Chile. _____ es de Cuba. (*Ours*)

5. Las maletas de Jorge son azules. _____ son verdes. (*Mine*)

6. Mi hermano vive en Venezuela. ¿Dónde vive _____ , Sr. Mendoza? (*yours*)

F. La semana pasada Indicate what everybody did last week by using the preterit of the verbs in parentheses.

1. —¿Ustedes _____ (traer) la cama?

   —Sí, la _____ (traer) y la _____ (poner) en tu cuarto.

2. —¿Qué _____ (hacer) tú el sábado pasado?

   —(Yo) _____ (estar) en casa de Luis toda la tarde.

3. —¿Tú _____ (poder) ir a la tintorería?

   —No, porque no _____ (tener) tiempo.

4. —¿Roberto _____ (venir) a verte?

   —Sí, y yo no _____ (saber) qué decirle.

5. —¿Sergio _____ (pedir) un préstamo en el banco?

   —No, no _____ (querer) pedirlo.

6. —¿Qué _____ (decir) ustedes cuando llegó tu tío?

   —No _____ (decir) nada.

7. —¿Qué auto _____ (conducir) tú?

   —Yo _____ (conducir) el auto de Tito.

8. —¿Uds. _____ (traducir) los documentos?

   —No, nosotros no los _____ (traducir).

G. ¿Hace mucho tiempo...? How long ago did all this happen? Use the information given to indicate it.

   MODELO: Estamos en marzo. Yo vine a esta ciudad en septiembre.
   Hace seis meses que yo vine a esta ciudad.

1. Son las cinco. Ellos llegaron a la una.

   _____

2. Estamos en el año 2005. Jorge empezó a trabajar en el año 2000.

   _____

3. Hoy es sábado. Mis hijos vinieron el martes.

   _____

4. Es la una. Teresa me llamó a la una menos cuarto.

   _____

5. Estamos en octubre. Nosotros volvimos de Lima en septiembre.

_____

H. Situaciones You find yourself in the following situations. What do you say?

1. You ask a friend what time he generally gets up and what time he went to bed last night.

   _____

2. You ask Mrs. López how long ago her husband passed away and when she came to live with her children.

   _____

3. You ask your roommate if he/she brought the fish and whether he/she put it in the refrigerator.

   _____

4. You tell someone where your father spent his childhood.

   _____

5. You are picking up a friend to go out. Ask her if she can bathe and get dressed in twenty minutes.

   _____

I. Crucigrama

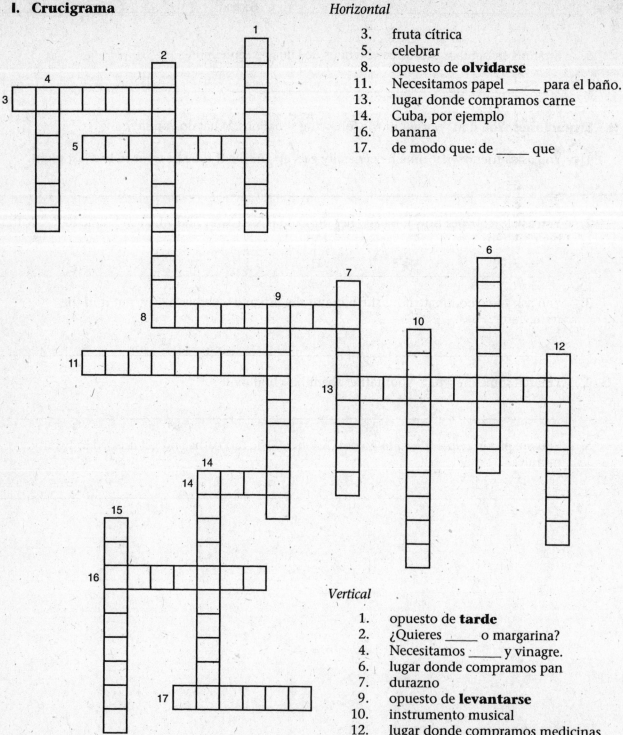

3. fruta cítrica
5. celebrar
8. opuesto de **olvidarse**
11. Necesitamos papel _____ para el baño.
13. lugar donde compramos carne
14. Cuba, por ejemplo
16. banana
17. de modo que: de _____ que

Vertical

1. opuesto de **tarde**
2. ¿Quieres _____ o margarina?
4. Necesitamos _____ y vinagre.
6. lugar donde compramos pan
7. durazno
9. opuesto de **levantarse**
10. instrumento musical
12. lugar donde compramos medicinas
14. lugar donde compramos pescado
15. lugar donde compramos zapatos

J. ¿Qué pasa aquí? Look at the illustrations and answer the following questions.

1. ¿Nora se levantó tarde o temprano?

   _____

2. ¿A Nora le gusta levantarse temprano?

   _____

3. ¿Con qué champú se lavó Nora la cabeza?

   _____

4. ¿A qué tienda fue Nora?

   _____

5. ¿Qué le compró Nora a su tía?

   _____

6. ¿A qué hora volvió Nora a su casa?

   _____

7. ¿Qué compró Nora además del regalo?

   _____

8. ¿Con quién almorzó Nora?

   _____

9. ¿Nora barrió la sala?

    _____

10. ¿Cómo se llama el perro de Nora?

    _____

11. ¿Para qué fue Nora a la casa de su tía Rosa?

    _____

12. ¿A qué hora se acostó Nora?

    _____

Para leer

Todos los días...

Yo siempre me levanto temprano porque tengo que estar en la universidad
a las ocho de la mañana. Me despierto a las seis y media y, después de
bañarme, afeitarme y vestirme, desayuno. Me siento en la cocina y estudio;
salgo para la universidad a las siete y media. No llego tarde porque mi
profesor de matemáticas es muy estricto.

Tengo clase por las mañanas, y por la tarde voy a la biblioteca a
estudiar. A veces° me duermo leyendo algunos de mis libros.   *At times*

Vuelvo a casa a las cinco. Me desvisto, me quito los zapatos° y duermo   *shoes*
un rato. Cocino algo para la cena, estudio y después miro las noticias. Me
acuesto a las once y media.

Los fines de semana, mis amigos y yo generalmente vamos a una
discoteca porque nos gusta mucho bailar.

¡Conteste!

1. ¿Por qué me levanto siempre temprano? (**tú** *form*)

    _____

2. ¿A qué hora me despierto?

    _____

3. ¿Qué hago después de bañarme, afeitarme y vestirme?

    _____

4. ¿Qué hago en la cocina?

    _____

5. ¿A qué hora salgo para la universidad?

    _____

6. ¿Por qué no llego tarde?

_____

7. ¿Cuándo tengo clases?

_____

8. ¿Qué hago por la tarde?

_____

9. ¿Qué pasa a veces en la biblioteca?

_____

10. ¿A qué hora vuelvo a casa?

_____

11. ¿Qué hago cuando vuelvo a casa?

_____

12. ¿Qué hago después de dormir un rato?

_____

13. ¿A qué hora me acuesto?

_____

14. ¿Adónde voy generalmente los fines de semana?

_____

Complete the following charts.

Cuba

Capital: _____

Productos de exportación: _____ , _____ ,

_____ y _____

Principales fuentes de ingreso: _____ y _____

Fortalezas importantes: _____ y _____

Famosos cantantes cubanos: _____ , _____ y

_____

Deporte más popular: _____

Famosos "peloteros" cubanos: _____ y _____

Escritores de fama internacional: _____ , _____ y

_____

República Dominicana

Capital: _____

País que ocupa parte de la isla: _____

Base de la economía: _____

Principales centros turísticos: _____ y _____

Música típica del país: _____

Deporte más popular: _____

Famoso jugador dominicano: _____

Catedral más antigua del continente americano: _____

Lección **9**

Laboratory Activities

I. Para escuchar y contestar

Diálogo: "Guantanamera"

The dialogue will be read first without pauses. Pay close attention to the speakers' intonation and pronunciation.

En el mar Caribe hay una isla que comparten dos países: Haití y la República Dominicana. La capital de la República Dominicana es Santo Domingo. A esta ciudad llegaron muchos cubanos hace muchos años, después de la revolución castrista. Entre ellos, vinieron Rogelio Peña, su esposa Isabel y sus hijos, César y Graciela.

La esposa de don Rogelio falleció hace tres años, de modo que él vive con su hija, su yerno, y sus nietos, Mario y Magali. Hoy don Rogelio cumple setenta años y su familia está preparando una cena para festejar su cumpleaños.

GRACIELA	—Magali, ¿trajiste el arroz y los frijoles para preparar el congrí? Tu tío César va a hacer el lechón asado.
MAGALI	—Sí, y traje lechuga, tomates, cebollas, pepinos y zanahorias para la ensalada. Lo puse todo en el refrigerador.
GRACIELA	—¿Y tú, Mario? ¿Qué hiciste?
MARIO	—Yo tuve que levantarme muy temprano para ir a la pescadería para comprar un pargo, el pescado que le gusta a abuelo.
MAGALI	—¡Ay, pobrecito! Yo me levanté a las cinco, a pesar de que anoche no me acosté hasta las once.
MARIO	—Porque estuviste hablando con Ramón hasta muy tarde... ¡Ah! ¿Te acordaste de comprar las frutas para la ensalada? Necesito naranjas, mangos, plátanos, manzanas y uvas. Es mi receta especial.
MAGALI	—Es la receta de la señora Torales...
MARIO	—¡Pero yo la mejoré! Yo le pongo azúcar, y la sirvo con crema...
MAGALI	—¡Ay, caramba! Me olvidé de comprar café, dulce de leche, pan y mantequilla, y leche para el flan.
GRACIELA	—Y dos latas de salsa de tomate... Aquí tengo mi lista.
MAGALI	—Yo dejé la mía en el supermercado. Mamá, ¿a qué hora es la cena?
GRACIELA	—A las ocho. ¡Ay! Todavía tengo que bañarme, lavarme la cabeza y vestirme.
MAGALI	—Yo también. Oye... ¿dónde está abuelo? Voy a ver si está en su cuarto.

En el cuarto de don Rogelio

MAGALI	—¿Qué estás haciendo, abuelo?
DON ROGELIO	—Estoy leyendo unos poemas de José Martí.
MAGALI	—Extrañas Cuba, ¿verdad?
DON ROGELIO	—Mucho... Extraño los lugares donde pasé mi infancia y mi juventud. La Habana, Camagüey... Pinar del Río...
MAGALI	—Abuelo, ¿por qué no tocas la guitarra y cantamos nuestra canción favorita?

Don Rogelio toma su guitarra y los dos cantan.

> Yo soy un hombre sincero,
> de donde crece la palma...

Now the dialogue will be read with pauses for you to repeat what you hear. Imitate the speakers' intonation patterns.

Preguntas y respuestas

You will now hear questions about the dialogue. Answer each one, omitting the subject. The speaker will confirm your response. Repeat the correct response.

Situaciones

The speaker will present several situations based on the dialogue. Respond appropriately to each situation in Spanish. The speaker will confirm your response. Repeat the correct response. Follow the model.

MODELO: You ask a little girl what her father's name is.
           ¿Cómo se llama tu papá?

II. Pronunciación

A. Declarative statements

- Repeat each sentence, imitating the speaker's intonation.
  1. Yo compré el regalo para Elena.
  2. Mario tiene listo el equipaje.
  3. Yo tengo turno en la barbería.
  4. Necesitamos el dinero para el pasaje.
  5. Yo pienso aprender japonés este verano.

B. Information questions

- Repeat each sentence, imitating the speaker's intonation.
  1. ¿Cómo está tu hermano?
  2. ¿Por qué no fuiste con nosotros?
  3. ¿Cuánto tiempo hace que no comes?
  4. ¿Dónde pasaron el verano?

5. ¿Cuántos años hace que estudias?

C. Yes/no questions

- Repeat each sentence, imitating the speaker's intonation.

1. ¿Fuiste al mercado ayer?

2. ¿Tienes listo el equipaje?

3. ¿Le diste el regalo a Elena?

4. ¿Tienes turno para la peluquería?

5. ¿Necesitas dinero para el pasaje?

D. Exclamations

- Repeat each sentence, imitating the speaker's intonation.

1. ¡Qué bonita es esa alfombra!

2. ¡No compré el regalo para Elena!

3. ¡Qué bueno es este champú!

4. ¡Cuánto te quiero!

III. ¡Vamos a practicar!

A. Answer the following questions, using the cues provided. The speaker will confirm your response. Repeat the correct response. Follow the model.

> MODELO: —¿A qué hora te levantas tú generalmente? (a las seis)
> —**Generalmente me levanto a las seis.**

1. (a las ocho)
2. (a las once)
3. (por la mañana)
4. (sí)
5. (por la mañana)
6. (con el champú Prell)
7. (no)

B. Answer each question you hear, in the affirmative, paying special attention to the use of the definite article. The speaker will confirm your response. Repeat the correct response. Follow the model.

> MODELO: —¿Te vas a lavar la cabeza?
> **—Sí, me voy a lavar la cabeza.**

C. Answer each question you hear in the negative, using the appropriate possessive pronoun. The speaker will confirm your response. Repeat the correct response. Follow the model.

> MODELO: —¿Este libro es tuyo?
> **—No, no es mío.**

D. Answer the following questions, using the cues provided. Substitute direct objects with direct object pronouns when possible. The speaker will confirm your response. Repeat the correct response. Follow the model.

> MODELO: —¿Quién tradujo la lección? (Isabel y Eva)
> **—Isabel y Eva la tradujeron.**

1. (yo)
2. (en el refrigerador)
3. (conmigo)
4. (nosotros)
5. (no)
6. (en el banco)
7. (sí)
8. (Estela)
9. (nada)
10. (en la farmacia)

E. Answer each question you hear, using the cues provided. The speaker will confirm your response. Repeat the correct response. Follow the model.

> MODELO: —¿Cuánto tiempo hace que empezaste a estudiar español?
> **—Hace seis meses que empecé a estudiar español.**

1. (veinte minutos)
2. (tres semanas)
3. (un mes)
4. (un año)
5. (una hora)

IV. Ejercicios de comprensión

A. You will now hear three statements about each picture. Circle the letter of the statement that best corresponds to the picture. The speaker will verify your response.

1.

a b c

2.

a b c

3.

a b c

4.

a b c

5.

a b c

B. Before listening to the dialogues, study the comprehension questions. Reviewing the questions ahead of time will help you to remember key information as you listen.

1. ¿A qué hora se levantó Celia hoy?
2. ¿Por qué se levantó tan tarde?
3. ¿Adónde fue?
4. ¿Qué trajo?
5. ¿Adónde fue Amalia?
6. ¿Qué frutas trajo?
7. ¿Trajo melocotones?
8. ¿Por qué no trajo melocotones?
9. ¿Cuándo es el cumpleaños de Oscar?
10. ¿Lucía le trajo el regalo?
11. ¿Lucía pudo comprar el regalo?
12. ¿Qué tuvo que hacer Lucía ayer?

Lección 9, Laboratory Activities **165**

V. Para contestar

Answer the questions, using the cues provided. The speaker will verify your response. Repeat the correct response.

1.	(veinte)	6.	(sí)
2.	(no)	7.	(sí)
3.	(lechuga y tomate)	8.	(crema y azúcar)
4.	(ir a la panadería)	9.	(sí)
5.	(cebolla)	10.	(no)

VI. Para escuchar y escribir

Tome nota

You will hear a conversation between two roommates as they discuss what they are going to buy at the supermarket. First listen carefully for general comprehension. Then, as you listen for a second time, fill in the shopping list.

Frutas	Verduras	Carnes	Otros
1. _____	1. _____	1. _____	1. _____
2. _____	2. _____	2. _____	2. _____
3. _____	3. _____	3. _____	3. _____
4. _____	4. _____		4. _____
5. _____	5. _____		5. _____

Dictado

The speaker will read six sentences. Each sentence will be read twice. After the first reading, write what you heard. After the second reading, check your work and fill in what you missed.

1. _____

2. _____

3. _____

4. _____

5. _____

6. _____

Workbook Activities

A. Para completar Complete the following chart with the corresponding forms of the imperfect.

Infinitive	yo	tú	Ud., él, ella	nosotros	Uds., ellos, ellas
1. prestar					
2.	terminaba				
3.		devolvías			
4.			nadaba		
5.				leíamos	
6.					salían

B. Cuando éramos niños What did these people do as children? Complete the following sentences according to each new subject.

Cuando yo era niño, iba a la playa y veía a mis amigos.

1. Cuando tú _____ niño, _____ a la montaña y _____ a tus abuelos.

2. Cuando Luis _____ niño, _____ al campo y _____ a sus tíos.

3. Cuando él y yo _____ niños, _____ al zoológico y _____ los elefantes.

4. Cuando ellos _____ niños, _____ a Caracas y _____ a sus primos.

C. La niñez de Sandra Sandra is describing her childhood. Use the imperfect of the verbs in parentheses to complete her story.

Cuando mi hermano y yo _____ (ser) niños,

_____ (vivir) cerca de la playa y todos los fines de semana

_____ (ir) a nadar. Nos _____ (gustar)

mucho ir a los partidos de fútbol y siempre lo _____ (pasar) muy

bien. Nuestros abuelos _____ (vivir) lejos y nosotros no los

_____ (ver) frecuentemente, pero los _____ (visitar)

todos los veranos. Siempre _____ (comer) mucho porque mi abuela

_____ (cocinar) muy bien. Nuestro padre _____ (viajar)

mucho y siempre nos _____ (traer) regalos cuando

_____ (volver) de sus viajes.

D. En el pasado How do you view these actions or events? Complete each sentence with the preterit or the imperfect of the verbs in parentheses.

1. Yo _____ (ir) a la piscina anoche. (*reporting an act viewed as completed*)

2. Yo _____ (ir) a la piscina cuando (ver) _____ a José. (**ir:** *describing an action in progress in the past;* **ver:** *reporting an action viewed as completed*)

3. Ayer ella (estar) _____ muy enferma todo el día. (*summing up a condition viewed as a whole*)

4. Ella (estar) _____ muy cansada. (*describing a condition in the past*)

5. Yo (ir) _____ a la tienda el sábado pasado. (*reporting an act viewed as completed*)

6. Yo (ir) _____ a la tienda todos los sábados. (*indicating a habitual action*)

7. Susana (decir) _____ que (necesitar) _____ un coche. (**decir:** *reporting an act viewed as completed;* **necesitar:** *indirect discourse*)

8. (Ser) _____ las nueve de la noche cuando él (llegar) _____ anoche. (**ser:** *time in the past;* **llegar:** *reporting an act viewed as completed*)

E. Eva y su familia Complete the following paragraph about Eva and her family. Use the preterit or the imperfect of the verbs in parentheses.

Cuando Eva _____ (ser) niña _____ (vivir) en

Caracas. Todos los fines de semana _____ (ir) al cine o al parque de

diversiones con sus amigos. Cuando Eva _____ (tener) doce años, sus

padres _____ (decidir) ir de vacaciones a la isla Margarita. Ella no

_____ (saber) nadar, pero su papá le _____

(decir) que _____ (ser) fácil aprender. En dos días, Eva

_____ (aprender) a nadar y lo _____ (pasar) muy

bien. Eva y su familia _____ (estar) en la isla Margarita por dos semanas.

F. Preguntas Write eight questions about what you read in Exercise E.

1. _____

2. _____

3. _____

4. _____

5. _____

6. _____

7. _____

8. _____

G. La novia de Rafael Juan and Diego are talking about Rafael's girlfriend and a party that Diego attended. Complete the conversations, using the verbs **querer, conocer,** and **saber** in the preterit or the imperfect as needed.

JUAN —¿Tú _____ a la novia de Rafael?

DIEGO —No, la _____ anoche en la fiesta.

JUAN —¿Tú _____ que ella era venezolana?

DIEGO —No, lo _____ cuando hablé con ella y me lo dijo. Oye, ¿por qué no fuiste a la fiesta?

JUAN —Porque mi novia no _____ ir. Prefirió ir al cine.

DIEGO —Yo tampoco _____ ir porque estaba cansado, pero fui y lo pasé muy bien.

H. Alquilando un apartamento Sara and her husband are going to rent an apartment and are now discussing details. Complete the conversation, using **que, quien** or **quienes** as needed.

SARA —Ayer hablé con la señora _____ vende los muebles _____ necesitamos para la sala.

HÉCTOR —Y yo hablé con los hombres _____ nos van a ayudar a mudarnos.

SARA   —Ah, ¿ésos son los hombres de _____ te habló papá?

HÉCTOR   —Sí. Oye, una chica con _____ yo trabajo quiere vender un ventilador. Yo creo que debemos comprarlo.

SARA   —Sí, porque el ventilador _____ nosotros tenemos no funciona.

I. Situaciones You find yourself in the following situations. What do you say?

1. You ask Mr. Mendoza where he lived when he was a child and what he liked to do with his friends.

   _____

   _____

2. You ask a classmate what time it was when he got home yesterday.

   _____

3. You ask an apartment manager whether the rent includes (the) electricity, (the) water and (the) phone. Ask also if there is a vacant apartment on the third floor.

   _____

   _____

4. You tell someone that you need a dresser, a night table, and a coffee table because the apartment is not furnished.

   _____

   _____

J. Crucigrama

Horizontal

4. Tiene muebles. Está _____ .
5. opuesto de **lejos**
6. Compré una funda para mi _____ .
7. No es un hotel; es una _____ .
11. coche
12. Tiene invitación. Está _____ .
13. Yo tengo que limpiar porque no tengo _____ .
14. Necesito una mesa de _____ .
15. No tengo _____ de dormir para ir a acampar.
16. cambiar de casa
19. metro
20. Pongo la _____ cuando tengo frío.
21. La casa tiene _____ de estar.
25. El Empire State es uno de ellos.
27. Tengo lavadora, pero no tengo _____ .
28. barrio
29. silla, mesas, cama, etc.

Vertical

1. bolso
2. No tengo aire acondicionado. Tengo un _____ .
3. No voy a comprar la casa; la voy a _____
8. ¿El alquiler incluye la _____ ?
9. ¿Dónde está la _____ ? Voy a planchar.
10. Estas _____ son para mi ventana.
17. sólo
18. sillón
22. dar aviso
23. Puse el pan en el _____ .
24. dar quejas
26. Necesito la _____ para hacer el café.

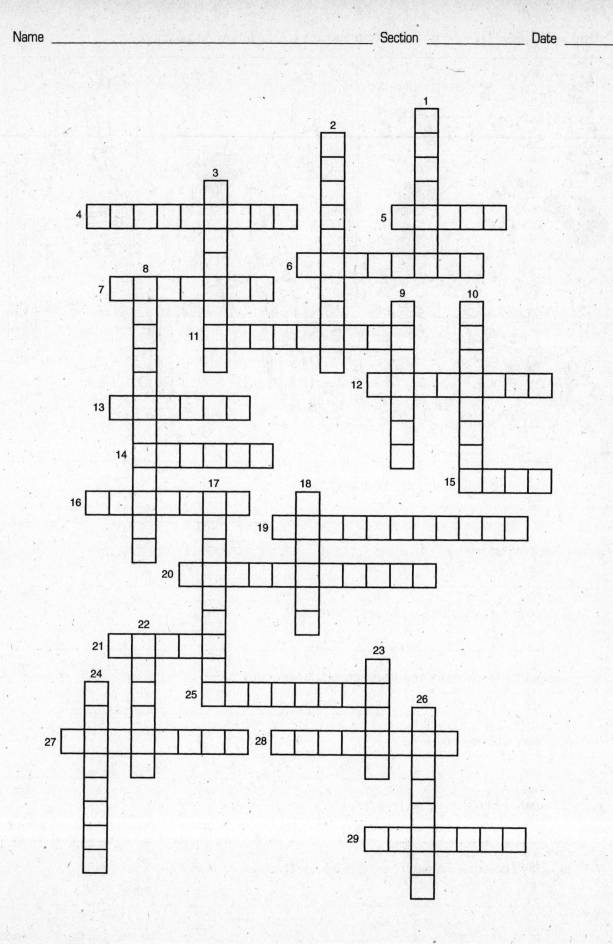

K. ¿Qué pasa aquí? Look at the illustration and answer the following questions.

1. ¿En qué parte de la casa están las chicas?

   _____

2. ¿Qué muebles hay allí?

   _____

3. ¿La casa tiene calefacción o aire acondicionado?

   _____

4. ¿Las chicas necesitan un ventilador en la sala? ¿Por qué?

   _____

5. ¿Qué hay en la ventana?

   _____

6. ¿El apartamento tiene alfombra?

   _____

7. Beatriz y Lucía quieren mudarse. ¿Qué tipo de barrio busca Beatriz?

   _____

8. ¿Cuántos dormitorios quiere Beatriz?

   _____

9. ¿Por qué no quiere Lucía vivir lejos de la universidad?

   _____

10. ¿Qué tenía la familia de Julia cuando ella era chica?

   _____

Panorama hispánico

Complete the following chart.

Venezuela

Capital: _____

Otras ciudades importantes: _____ , _____ y _____

Área de Venezuela: _____

Población: _____

Principal producto de exportación: _____

El lago más grande del país : _____

Principal atracción turística: _____

Nombre del Libertador de América: _____

Famoso novelista venezolano: _____

Música típica de Venezuela: _____

Laboratory Activities

I. Para escuchar y contestar

Diálogos: Marisol se queja de todo

The dialogues will be read first without pauses. Pay close attention to the speakers' intonation and pronunciation.

Silvia, Marisol y Cristina son tres chicas de Mérida, Venezuela, que vinieron a Caracas el mes pasado para asistir a la universidad. Silvia y Marisol son primas, pero ellas conocieron a Cristina cuando estaban en la escuela. Ahora están en una pensión, pero quieren mudarse a un apartamento.

SILVIA	—¿Llamó Cristina?
MARISOL	—Sí, y me dijo que podía encontrarse con nosotras a las tres para ver el apartamento.
SILVIA	—¿Te dio la dirección?
MARISOL	—Sí, aquí la tengo. Nosotras podemos ir en el metro y Hugo dijo que él iba a llevar a Cristina en su coche.
SILVIA	—El apartamento tiene que estar amueblado porque no tenemos muebles.
MARISOL	—Bueno... tenemos bolsas de dormir.
SILVIA	—Vamos, que es tarde. ¿Dónde pusiste la llave?
MARISOL	—Te la di esta mañana..., ¡Ah, no! Está en mi bolso.

En el apartamento

ENCARGADO	—Ésta es la sala comedor. Como ven, es muy amplia. Tiene un sofá, una mesa y cuatro sillas.
MARISOL	—(A Cristina) Podemos tener solamente un invitado a la vez.
CRISTINA	—¡Shh! Vamos a ver el resto del apartamento.
SILVIA	—(Al encargado) ¿El alquiler incluye la electricidad, el agua y el teléfono?
ENCARGADO	—No, el teléfono, no. ¿Quiere ver el cuarto de baño?
SILVIA	—Sí, (Desde el baño)... Es muy chico...
MARISOL	—¿Te acuerdas de la criada que tenían mis padres cuando nosotras éramos chicas? Su cuarto era más grande que este apartamento.
CRISTINA	—Yo sé que a ti te gustó el apartamento que vimos anteayer...
MARISOL	—Sí... yo no quería ver éste porque tampoco me gusta el barrio donde está y el otro estaba más cerca de la universidad. Éste está muy lejos.

Silvia viene adonde están las chicas

SILVIA	—¿No hay una cómoda en el dormitorio? Y hay solamente una mesita de noche.
MARISOL	—Cuando veníamos para acá vi un edificio de apartamentos mucho mejor que éste. Y había algunos desocupados...
CRISTINA	—¡Ay... Marisol! Siempre la misma. Cuando eras chica también te quejabas de todo.
SILVIA	—¡Yo estoy de acuerdo con Marisol! Ahora mismo voy a escribirle a papá para tratar de convencerlo de que necesitamos más dinero.

MARISOL	—¡Chévere!
ENCARGADO	—Entonces, ¿no piensan alquilar el apartamento?
MARISOL	—¡Le vamos a avisar...!

Now the dialogues will be read with pauses for you to repeat what you hear. Imitate the speakers' intonation and pronunciation.

Preguntas y respuestas

You will now hear questions about the dialogue. Answer each one, omitting the subject. The speaker will confirm your response. Repeat the correct response.

Situaciones

The speaker will present several situations based on the dialogue. Respond appropriately in Spanish to each situation. The speaker will confirm your response. Repeat the correct response. Follow the model.

MODELO: You tell your parents that you want to move to an apartment.
Quiero mudarme a un apartamento.

II. Pronunciación

When you hear the number, read the corresponding sentence aloud. Then listen to the speaker and repeat the sentence.

1. Podemos tener solamente un invitado a la vez.
2. ¿El alquiler incluye la electricidad?
3. Tampoco me gusta el barrio donde está.
4. ¿No hay una cómoda en este dormitorio?
5. Vi un edificio de apartamentos.
6. Cuando eras chica también te quejabas.

III. Vamos a practicar

A. Repeat each sentence you hear, changing the verb to the imperfect tense. The speaker will confirm your response. Repeat the correct response. Follow the model.

MODELO: —¿Tú trabajas?
—¿Tú trabajabas?

B. The speaker will ask several questions. Pay close attention to the use of the preterit or the imperfect in each question and respond in the appropriate tense, using the cue provided. The speaker will confirm your response. Repeat the correct response. Follow the model.

> MODELO: —¿Qué hora era? (las ocho)
> **—Eran las ocho.**

1. (a las doce)	4. (a las cuatro)	7. (a la tienda)
2. (estudiar)	5. (sí)	8. (ocho años)
3. (Venezuela)	6. (una butaca)	9. (a la playa)

C. Answer each question you hear, using the model as a guide. The speaker will confirm your response. Repeat the correct response.

> MODELOS: 1. —¿No conocías al doctor Rodríguez?
> **—No, lo conocí esta mañana.**
>
> 2. —¿Sabían Uds. que él era casado?
> **—Lo supimos anoche.**
>
> 3. —¿No dijiste que podías venir?
> **—Sí, pero no quise.**

D. Answer each question you hear, using the cue provided. The speaker will confirm your response. Repeat the correct response. Follow the model.

> MODELO: —¿Quién es María? (chica / trajo las sillas.)
> **—Es la chica que trajo las sillas.**

1. (muchacho / vino ayer)	3. (muchacha / mandó el sillón)	5. (señor / vimos ayer)
2. (profesor / te hablé)	4. (señora / llamó por teléfono)	

IV. Ejercicios de comprensión

A. You will now hear some statements about each picture. Circle the letter of the statement that best corresponds to the picture. The speaker will verify your response.

1.

2.

3.

a b c   a b c   a b c

4. Elsa   a b c

5. Rubén   a b c

B. Before listening to the dialogues in this section, study the comprehension questions below. Reviewing the questions ahead of time will help you to remember key information as you listen.

1. ¿Qué dice Alina que tienen que hacer ella y Marcos?
2. ¿Necesitan un apartamento más pequeño?
3. ¿Qué está leyendo Marcos?
4. ¿En qué calle está el apartamento?
5. ¿Cuántos dormitorios tiene?
6. ¿Qué más tiene?
7. ¿Cuándo pueden ir a verlo?
8. ¿A qué hora va a estar Marcos en su casa?
9. ¿Le gusta mucho el apartamento a Teresa?
10. ¿Está amueblado el apartamento?
11. ¿Qué les va a regalar la mamá de Teresa?
12. ¿Para qué cuarto necesitan muebles?
13. ¿Qué muebles tienen para el dormitorio?
14. ¿Tienen colchón?
15. ¿Qué necesitan hacer para poder mudarse?

V. Para contestar

Answer the questions you hear, using the cues provided. The speaker will confirm your answers. Repeat the correct answer.

1. (en la escuela)
2. (sí)
3. (cine)
4. (sí)
5. (un sofá y una butaca)
6. (una cómoda y un tocador)
7. (no)
8. (muy amplia)
9. (tres)
10. (dos)

VI. Para escuchar y escribir

Tome nota

You will hear a conversation between a real estate agent and a client. First listen carefully for general comprehension. Then, as you listen for a second time, fill in the agent's form.

Agencia La Cubana
Calle 8, número 325
Miami, Florida
Tel. (305) 428-6345

❑ Se vende   ❑ Casa   ❑ Amueblado(a)
❑ Se alquila   ❑ Apartamento   ❑ Sin muebles

Dirección: _____

Número de dormitorios: _____

Número de cuartos de baño: _____

❑ Sala   ❑ Calefacción
❑ Comedor   ❑ Aire acondicionado
❑ Salón de estar   ❑ Lavaplatos
❑ Jardín   ❑ Refrigerador
❑ Piscina
❑ Garaje (_____ coches)

Precio: _____

Puede verse: Días _____

                 Horas _____

Dictado

The speaker will read six sentences. Each sentence will be read twice. After the first reading, write what you heard. After the second reading, check your work and fill in what you missed.

1. _____

2. _____

3. _____

4. _____

5. _____

6. _____

Hasta ahora... Una prueba

Let's combine the structure and the vocabulary from lessons 9 and 10. How much can you remember?

A. Complete the following exchanges, using the preterit or the imperfect of the verbs given.

1. —¿Qué hora _____ (ser) cuando tú _____ (llegar) a casa ayer?

   —_____ (Ser) las seis. (Yo) _____ (traer) la carne y la

   _____ (poner) en el refrigerador.

   —¿Teresa _____ (venir) contigo?

   —No, (ella) no _____ (querer) venir.

   —¿Y Carlos?

   —Él no _____ (poder) venir porque _____ (tener) que trabajar.

2. —¿Dónde _____ (vivir) ustedes cuando _____ (ser) niños?

   —En Lima, y siempre _____ (ir) de vacaciones a Buenos Aires. Allí

   _____ (ver) a nuestros amigos argentinos y lo _____

   (pasar) muy bien.

   —¿Dónde _____ (conocer) (tú) a tu esposo?

   —En la universidad; él _____ (ser) muy guapo, pero muy tímido.

3. —Anoche Tito me _____ (decir) que _____ (necesitar) dinero.

   —¿Dónde _____ (ver) tú a Tito?

   —En el parque, cuando _____ (venir) para casa.

   —Yo no _____ (saber) que tú _____ (conocer) a Tito...

   —¿Y tú? ¿Qué _____ (hacer) anoche?

   —Nada... _____ (acostarse) temprano porque _____ (estar) muy cansada.

B. Complete the following, using the Spanish equivalent of the words in parentheses.

1. ¿Viste a la señora _____ estaba en la sala? (*who*)

2. Carlos tiene sus libros y yo tengo _____. ¿Tú tienes

   _____ (*mine / yours*)

3. Nosotros _____ en clase. (*fall asleep*)

4. Tú siempre _____ cuando ella _____

   _____ (*worry / doesn't feel well*)

5. ¿Tú _____ antes de comer? (*washed your hands*)

6. Las chicas _____ en mi cuarto. (*took off their coats*)

7. Yo voy a _____ con Adela _____ .
   (*church / on Sundays*)

8. _____ conducen mejor que _____
   (*Women / men*)

9. Eva llegó a California _____ (*four years ago*)

10. Alberto es el muchacho _____ yo bailé anoche. (*with whom*)

C. Arrange the following vocabulary in groups of three, according to categories.

manzanas	mueble	mar	carro	almohada	violín
carnicería	mudarse	bañarse	quitarse	apio	repollo
infancia	pescadería	joyería	juventud	fiesta	coche
secadora	ventilador	levantarse	ponerse	adolescente	isla
uvas	licuadora	celebrar	lavarse la cabeza	vecindad	sábana
contrabajo	lechuga	probarse	barrio	plancha	palma
despertarse	cómoda	festejar	vestirse	panadería	clarinete
naranjas	lavadora	cafetera	tocador	tostadora	funda
acostarse	automóvil	calefacción	aire acondicionado	zapatería	ferretería

1. _____ _____ _____

2. _____ _____ _____

3. _____ _____ _____

4. _____ _____ _____

5. _____ _____ _____

6. _____ _____ _____

7. _____ _____ _____

8. _____ _____ _____

9. _____ _____ _____

182 Hasta ahora... Una prueba (Lecciones 9 y 10)

10. _____   _____   _____

11. _____   _____   _____

12. _____   _____   _____

13. _____   _____   _____

14. _____   _____   _____

15. _____   _____   _____

16. _____   _____   _____

17. _____   _____   _____

18. _____   _____   _____

Hasta ahora... Una prueba (Lecciones 9 y 10)   **183**

Un paso más

Read the ad below, and then answer the questions that follow.

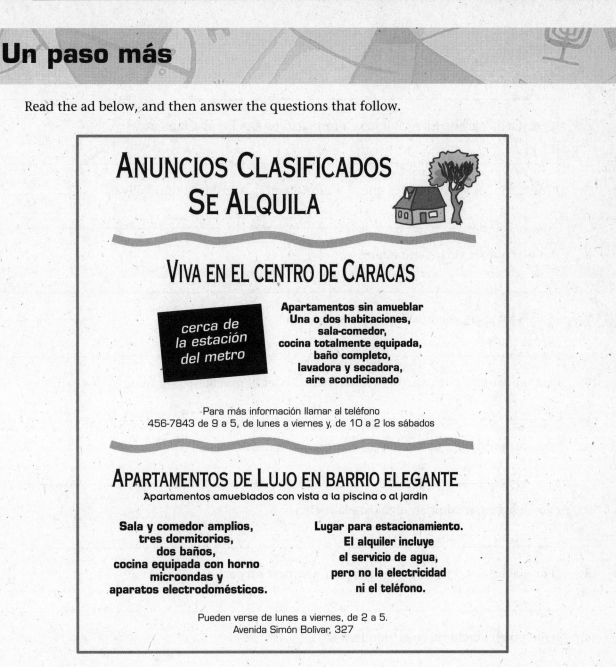

1. Si alquilo el apartamento que anuncian en el centro de Caracas, ¿necesito tener auto o no? ¿Por qué?

   _____

2. ¿Por qué necesito tener muebles para vivir en ese apartamento?

   _____

3. ¿Es necesario comprar algunos aparatos para la cocina? ¿Por qué?

   _____

4. ¿ Por qué puedo lavar mi ropa en el apartamento?

   _____

5. ¿ Necesito usar un ventilador en el verano o no? ¿Por qué?

   _____

6. ¿Qué puedo hacer para recibir más información sobre los apartamentos?

   _____

7. ¿Cómo son los apartamentos que se anuncian en la Avenida Simón Bolívar?

   _____

8. ¿En qué tipo de vecindario están?

   _____

9. ¿Todos los apartamentos tienen vista al jardín?

   _____

10. Para mudarme a estos apartamentos, ¿necesito tener muebles? ¿Por qué?

   _____

11. ¿Por qué puedo ir a nadar si vivo en estos apartamentos?

   _____

12. ¿Voy a necesitar comprar algo para la cocina?

   _____

13. ¿Por qué no voy a tener problemas para parquear mi coche?

   _____

14. ¿Qué no está incluido en el alquiler?

   _____

B. Your best friend is celebrating her 20th birthday and you are going to have a party for her and some 15 friends. Prepare a list of all the things that you are going to need for the party. Also state what activities you are planning to have and the things that you will need for the activities. Be sure the party will be a success.

Workbook Activities

A. Para completar Complete the following chart with the corresponding present subjunctive forms.

Infinitive	yo	tú	Ud., él, ella	nosotros	Uds., ellos, ellas
1. cobr**ar**	cob**re**	cob**res**	cob**re**	cob**remos**	cob**ren**
2. estudi**ar**					
3. deb**er**	deb**a**	deb**as**	deb**a**	deb**amos**	deb**an**
4. beb**er**					
5. abr**ir**	abr**a**	abr**as**	abr**a**	abr**amos**	abr**an**
6. recib**ir**					
7. hacer	haga				
8. decir		digas			
9. entender			entienda		
10. volver				volvamos	
11. sugerir					sugieran
12. dormir				durmamos	
13. mentir					mientan
14. buscar	busque				
15. pescar					
16. dar		des			
17. estar			esté		
18. ir				vayamos	
19. ser					sean
20. saber	sepa				

B. ¿Qué quieres que haga? Everybody wants everybody else to do something. Indicate this by completing the chart below.

	English	Subject	Verb	**que**	Subject of subordinate clause	Verbs in the subjunctive
1.	He wants me to speak.	**Él**	**quiere**	**que**	**yo**	**hable.**
2.	I want you to learn.				tú	
3.	You want him to go out.	Tú				
4.	She wants us to drink.					bebamos.
5.	We want her to come.				ella	
6.	You want them to understand.	Uds.				
7.	They want us to remember.				nosotros	
8.	You want us to study.	Uds.				
9.	They want us to write.					escribamos.
10.	He wants us to lie.	Él				
11.	I want you to walk.				tú	
12.	They want you to wait.				Uds.	
13.	She wants him to work.					
14.	We want them to go.					

C. Diligencias My mother wants my brothers and me to do many things today. Indicate what they are, using the present subjunctive.

Mi mamá quiere que...

1. ...yo _____ (ir) a la agencia de viajes y _____ (comprar) dos pasajes.

2. ...Julio _____ (llevar) la ropa a la tintorería y _____ (recoger) los pantalones que ella dejó ayer.

3. ...Raúl y yo _____ (sacar) dinero de nuestra cuenta de ahorros y _____ (pagar) la cuenta del gas.

4. ...Tito y Paco _____ (pedir) unos folletos sobre Bogotá y se los _____ (traer).

5. ...Mario _____ (comprar) dos maletas y _____ (dárselas) a papá.

6. ...nosotros _____ (hacer) todas estas diligencias por la mañana.

D. En la cafetería These conversations can be heard in the college cafeteria. Complete each one, using the infinitve, or the present subjunctive, as appropriate.

1. —Yo te sugiero que _____ (pedir) un préstamo en el banco para comprar el coche.

   —Voy a pedirlo, pero temo que (ellos) no me lo _____ (dar).

2. —Mañana es sábado. Espero _____ (poder) quedarme en casa.

   —Yo te aconsejo que _____ (ir) a la aerolínea y _____ (reservar) el pasaje.

   —Ojalá que no _____ (ser) muy caro.

3. —¿Es necesario _____ (llenar) la tarjeta?

   —Sí, tienes que llenarla.

4. —Es una lástima que nosotros no _____ (tener) la tarde libre hoy, pero me alegro de

   no _____ (tener) que venir a la universidad mañana.

   —Sí, pero yo necesito que mañana tú _____ (ir) a mi casa y me _____ (ayudar) a escribir el informe de literatura.

5. —¿Tú quieres _____ (ir) a Canadá con nosotros?

   —Sí, pero mi hermana me sugiere que _____ (ir) a Colombia.

   —Espero que (tú) _____ (poder) ir con nosotros el próximo año.

6. —Necesito _____ (lavar) estos pantalones.

—Yo te aconsejo que no los _____ (lavar). Te sugiero que los _____ (llevar) a la tintorería.

—Temo no _____ (poder) ir hoy.

7. —¿Qué nos sugiere que _____ (hacer) en el verano?

—Les sugiero que _____ (hacer) un crucero por el Caribe.

8. —Me alegro de que mi padrino _____ (estar) aquí hoy.

—Sí, siento no _____ (tener) tiempo para conversar con él.

9. —¿En qué hotel me aconsejas que me _____ (hospedar)?

—Te aconsejo que no _____ (ir) a un hotel.

10. —Yo quiero que ustedes _____ (venir) a verme.

—Ojalá que (nosotros) _____ (poder) ir a verte el mes que viene.

E. Situaciones You find yourself in the following situations. What do you say?

1. You tell a travel agent that you want a round-trip ticket to Bogotá.

   _____

   _____

2. You ask a travelling companion if he wants a window seat or an aisle seat.

   _____

   _____

3. You tell a travel agent that you want a direct flight to Bogotá.

   _____

   _____

4. You tell your friend that you checked your luggage and that you had to pay excess luggage.

   _____

   _____

5. You suggest to a friend that he travel by train or by boat.

   _____

   _____

F. Crucigrama

Horizontal

2. pasaje
4. Trabaja en una _____ de viajes.
6. no irse
7. Hicimos un _____ por el Mediterráneo.
9. Europa, por ejemplo
10. ¿A quién le doy la tarjeta de _____ ?
11. hombre que viaja
12. femenino de **padrino**
14. hacer planes
15. opuesto de **entrada**
16. a ningún lado: a ninguna _____
18. quedarse cuando uno viaja
20. TWA o United
21. El avión tiene dos horas de _____

Vertical

1. Quiero un pasaje de ida y _____ .
3. ¿Adónde van de _____ de miel?
5. buenísimo

8. mujer con quien uno se va a casar
13. Sirve comida y bebidas en el avión.
14. ¿Es un asiento de ventanilla o de _____?
17. No es un vuelo directo; hace _____ .
19. Tengo que pagar _____ de equipaje.

G. ¿Qué pasa aquí? Look at the illustration and answer the following questions.

1. ¿En qué agencia de viajes están estas personas?

   _____

2. ¿Cuántos agentes de viaje trabajan en la agencia?

   _____

3. ¿Adónde quiere viajar Silvia?

   _____

4. ¿Cómo va a viajar?

   _____

5. ¿En qué fecha puede viajar?

   _____

6. ¿Cuánto cuesta el viaje a Lima (en dólares)?

   _____

7. ¿Qué días hay vuelos a Lima?

   _____

8. ¿A la capital de qué país quiere viajar Daniel?

   _____

9.   ¿Cómo quiere viajar Daniel?

_____

10.   ¿Cuándo hay tren para Asunción?

_____

11.   ¿A qué ciudad de Argentina quiere viajar Olivia?

_____

12.   ¿Ella va con alguien? ¿Cómo lo sabe Ud.?

_____

13.   ¿Olivia va a comprar un pasaje de ida?

_____

14.   ¿Qué tipo (*type*) de asiento reserva Norberto? ¿En qué sección lo reserva?

_____

Para leer

Rubén y Marisol planean ir de vacaciones en agosto y no pueden decidir adónde ir. Rubén quiere ir a España porque sus padres viven en Sevilla y hace tres años que él no los ve. Marisol prefiere ir a Canadá y pasar dos semanas viajando por Montreal, Toronto y Quebec.

Rubén convence a Marisol y deciden viajar a España. Van a la agencia de viajes, compran dos billetes de ida y vuelta en primera clase y reservan un asiento de ventanilla y un asiento de pasillo.

Cuando vuelven a su casa, Rubén les escribe una carta a sus padres, diciéndoles que llegan a Sevilla el trece de agosto.

¡Conteste!

1.   ¿En qué mes planean ir de vacaciones Marisol y Rubén?

_____

2.   ¿A qué país quiere viajar Rubén?

_____

3.   ¿En qué ciudad española viven los padres de Rubén?

_____

4.   ¿Cuánto tiempo hace que él no los ve?

_____

5. ¿Marisol quiere ir a España también?

_____

6. ¿Qué lugares quiere visitar Marisol?

_____

7. ¿Cuánto tiempo quiere pasar Marisol en Canadá?

_____

8. ¿Quién convence a quién?

_____

9. ¿Marisol y Rubén van a viajar en clase turista?

_____

10. ¿Qué asientos reservan?

_____

11. ¿Qué hace Rubén cuando vuelve a su casa?

_____

12. ¿En qué fecha van a llegar a Sevilla Marisol y Rubén?

_____

Panorama hispánico

Complete the following chart.

Colombia

Capital: _____

Principales productos de exportación: _____, _____,

_____ y _____

Porcentaje de esmeraldas que provienen de Colombia: _____

Música típica colombiana: _____ y _____

Deporte más popular: _____

Escritores famosos: _____ y _____

Famoso pintor y escultor colombiano: _____

Primera línea aérea de América: _____

Museo más famoso: _____

Lección **11**

Laboratory Activities

I. Para escuchar y contestar

Diálogo: ¿Dónde pasamos la luna de miel?

The dialogue will be read first without pauses. Pay close attention to the speakers' intonation and pronunciation.

Gustavo Cisneros y Victora Villarreal son de Chía, un pueblo que está cerca de Bogotá. Hoy están en una agencia de viajes de la capital. Planean casarse el mes que viene y quieren decidir dónde van a pasar la luna de miel. La mamá de Gustavo, que es argentina, espera que vayan a Buenos Aires. Los padrinos de Victoria les sugieren que viajen a Costa Rica, porque a ellos les encanta ese país.

VICTORIA —Mi amor, si tú quieres ir a Buenos Aires, no hay problema. A mí me encantan las ciudades grandes.

GUSTAVO —Bueno... la verdad es que yo quiero conocer los bosque de Costa Rica... Estos folletos describen unos paquetes buenísimos, que incluyen los pasajes, el hospedaje y algunas excursiones.

VICTORIA —Sí, pero éstos que yo tengo también describen viajes muy interesantes que incluyen Río de Janeiro... ¡Ah! El agente nos está llamando. Ojalá que podamos reservar los pasajes hoy.

Con el agente de viajes

GUSTAVO —Vamos a necesitar que usted nos aconseje sobre cuál es el lugar ideal para pasar la luna de miel. Espero que nos dé buenas ideas.

AGENTE —Yo les recomiendo que hagan un crucero por el Mediterráneo. ¡Viajar en barco es muy romántico! Y después, una semana en Italia.

GUSTAVO —Bueno... temo que eso sea un poco caro. Mi prometida y yo preferimos quedarnos en este continente...

AGENTE —¡Tengo una idea brillante! Les sugiero que visiten Canadá. Pueden ir en avión hasta Toronto y después viajar en tren hasta Vancouver...

VICTORIA —Sí, todo eso es muy bonito, ¡pero no tenemos tanto dinero! Queremos dos pasajes de ida y vuelta a San José, en clase turista. ¿Tienen vuelos directos? Preferimos no hacer escala en ninguna parte...

AGENTE —Sí, señorita. ¡Excelente idea!

GUSTAVO —¿Estás segura, mi amor?

VICTORIA —Sí, estoy segura, pero el año próximo... ¡Me llevas a Buenos Aires!

Now the dialogue will be read with pauses for you to repeat what you hear. Imitate the speakers' intonation patterns.

Preguntas y respuestas

You will now hear questions about the dialogue. Answer each one, omitting the subject. The speaker will confirm your response. Repeat the correct response.

Situaciones

The speaker will present several situations based on the dialogue. Respond appropriately in Spanish to each situation. The speaker will confirm your response. Repeat the correct response. Follow the model.

> MODELO: You tell your teacher that you hope he'll give you an "A."
> **Espero que me dé una "A".**

II. Pronunciación

When you hear the number, read the corresponding sentence aloud. Then listen to the speaker and repeat the sentence.

1. Tengo una idea brillante.
2. Yo quiero conocer los bosques de Costa Rica.
3. Preferimos quedarnos en este continente.
4. Describen viajes que incluyen Río de Janeiro.
5. Yo les recomiendo que hagan un crucero por el Mediterráneo.
6. Gustavo Cisneros y Victoria Villarreal están en una agencia de viajes.

III. ¡Vamos a practicar!

A. Answer each question you hear, using the cue provided. The speaker will confirm your response. Repeat the correct response. Follow the model.

> MODELO: —¿Qué quieres que yo haga? (comprar los billetes)
> **—Quiero que compres los billetes.**

1. (traer los folletos)
2. (venir mañana)
3. (ir a la agencia de viajes)
4. (estar aquí a las cinco)
5. (volver temprano)
6. (dar una fiesta)
7. (pagar los pasajes)
8. (quedarse aquí)
9. (facturar el equipaje)
10. (traer las maletas)

B. The speaker will say what different people want to do. Say that you don't want them to do these things. Always use direct object pronouns in your answers. The speaker will confirm your response. Repeat the correct response. Follow the model.

> MODELO: —Nosotros queremos invitar a las chicas.
> **—Yo no quiero que las inviten.**

C. Respond to each statement you hear, using the cue provided. The speaker will confirm your response. Repeat the correct response. Follow the model.

MODELO: Yo me alegro de estar aquí. (de que tú)
Yo me alegro de que tú estés aquí.

1. (que Carlos)
2. (que ustedes)
3. (de que mi hijo)
4. (que tú)
5. (que nosotros)

D. Respond to each statement you hear, using the cue provided. The speaker will confirm your response. Repeat the correct response. Follow the model.

MODELO: Ana va con Teresa. (Espero)
Espero que Ana vaya con Teresa.

1. (Siento)
2. (Me alegro)
3. (Es una lástima)
4. (Temo)
5. (Espero)
6. (Ojalá)

IV. Ejercicios de comprensión

A. You will hear three statements about each picture. Circle the letter of the statement that corresponds to the picture. The speaker will verify your response.

1.   a b c

2.   a b c

3.   a b c

Lección 11, Laboratory Activities **197**

4.   5.

    a b c   a b c

B. Before listening to the dialogues in this section, study the comprehension questions below. Reviewing the questions ahead of time will help you to remember key information as you listen.

1. ¿El avión hace escala en alguna parte?
2. ¿El Sr. Acosta quiere un pasaje en clase turista?
3. ¿Cuándo va a viajar el Sr. Acosta?
4. ¿El Sr. Acosta quiere un asiento de ventanilla o de pasillo?
5. ¿En qué sección quiere viajar el Sr. Acosta?
6. ¿Qué tiene Silvia?
7. ¿Qué le sugiere Héctor que le pida a la azafata?
8. ¿Qué quiere tomar Silvia?
9. ¿Qué le dice Héctor que necesita tomar?
10. ¿Por qué quiere Silvia que sirvan la comida?
11. ¿A qué hora sale el avión?
12. ¿Cuántas horas de atraso tiene?
13. ¿Cuál es la puerta de salida?
14. ¿Dónde puso Sara las tarjetas de embarque?
15. ¿Qué quiere comprar Sara para leer?
16. ¿Qué dice Andrés de la idea?

V. Para contestar

Answer the questions you hear, using the cues provided. The speaker will verify your response. Repeat the correct response.

1. (no)
2. (Colombia)
3. (avión)
4. (sí)
5. (Hawai)
6. (American)
7. (buen viaje)
8. (en el verano)
9. (en el Hilton)
10. (no, nunca)

VI. Para escuchar y escribir

Tome nota

You will hear three flight announcements at the airport in Bogotá. First listen carefully for general comprehension. Then, as you listen for a second time, fill in the information requested.

AEROPUERTO INTERNACIONAL DE BOGOTÁ

LLEGADAS	SALIDAS
Aerolínea: _____	Aerolínea: _____
_____	Vuelo: _____
Vuelo: _____	Con destino a: _____
Procedente de: _____	Puerta de salida: _____
_____	Aerolínea: _____
Hora: _____	Vuelo: _____
Puerta de salida: _____	Con destino a: _____
	Hora: _____
	Puerta de salida: _____

Lección 11, Laboratory Activities   **199**

Dictado

The speaker will read six sentences. Each sentence will be read twice. After the first reading, write what you heard. After the second reading, check your work and fill in what you missed.

1. _____

2. _____

3. _____

4. _____

5. _____

6. _____

Name _____ Section _____ Date _____

Workbook Activities

A. Para completar Complete the chart below, with **Ud.** and **Uds.** command forms.

	Command	
Infinitive	**Ud.**	**Uds.**
1. preparar	prepare	preparen
2. caminar		
3. aprender	aprenda	aprendan
4. beber		
5. abrir	abra	abran
6. salir		
7. venir	venga	vengan
8. hacer		
9. dar	dé	den
10. estar		
11. empezar	empiece	empiecen
12. comenzar		
13. pedir		
14. contar		
15. ir	vaya	
16. ser		sean

B. En la oficina You will be out of the office tomorrow. Tell Miss Montalván, your assistant, to do the following.

1. estar en la oficina a las siete

   _____

2. traducir las cartas y llevarlas al correo

   _____

3. ir al banco y depositar los cheques

   _____

4. decirle al Sr. Díaz que el lunes hay una reunión (*meeting*)

   _____

5. poner los documentos en mi escritorio / no dárselos a la Srta. Valdés

   _____

   _____

6. mandarle un fax al Sr. Uribe o llamarlo por teléfono para que venga el lunes

   _____

   _____

7. quedarse en la oficina hasta las cinco

   _____

C. ¿Qué hacemos, papá? You and your brother are asking your father what to do. Write his answers to your questions, using commands and the cues provided.

1. ¿A qué hora tenemos que salir? (ahora)

   _____

2. ¿Qué autobús tomamos? (el # 40)

   _____

3. Para ir a la parada de autobuses, ¿seguimos derecho o doblamos? (seguir derecho)

   _____

4. ¿A qué hora tenemos que estar en el correo? (a las cuatro)

   _____

5. ¿A quién tenemos que llamar esta noche? (al Sr. Paz)

   _____

6. ¿Qué tenemos que decirle? (que lo necesito)

_____

7. Jorge necesita el coche; ¿se lo prestamos? (no)

_____

8. Paquito quiere un teléfono celular, ¿se lo compramos? (no)

_____

D. Hablando de coches These people are discussing cars. Complete their conversations by writing the verbs given in the present subjunctive or the present indicative.

1. —Aníbal quiere vender su coche. Yo creo que nosotros _____ (poder) comprarlo.

   —No, no creo que eso _____ (ser) una buena idea porque su coche funciona un día sí y otro no.

   —Estoy seguro de que el mecánico _____ (poder) arreglarlo.

   —Dudo que _____ (valer) la pena arreglarlo.

2. —Yo creo que tú _____ (tener) que llevar el coche al taller de mecánica.

   —Yo dudo que _____ (estar) abierto hoy porque es sábado.

   —No es verdad que ellos _____ (cerrar) los sábados. Yo creo que sólo

   _____ (cerrar) los domingos.

3. —Este taller de mecánica es el mejor de la ciudad.

   —Es verdad que _____ (ser) bueno, pero no es cierto que _____ (ser) el mejor.

4. —El coche que tú quieres cuesta un ojo de la cara.

   —Yo no niego que _____ (ser) caro, pero no dudo que _____ (valer) la pena comprarlo.

E. Yo soy de Ecuador You are talking to a student from Ecuador, who has many questions about your town. Answer his questions, using the cues provided.

1. ¿A qué hora se abren los bancos? (a las diez)

_____

2. ¿A qué hora se cierra el correo? (a las seis)

_____

3. ¿Cómo se dice **grúa** en inglés? (*tow truck*)

   _____

4. ¿Qué se come aquí? (pollo)

   _____

5. ¿Dónde se venden coches usados? (en la calle Quinta)

   _____

F. Situaciones You find yourself in the following situations. What do you say?

1. You are going to rent a car. Tell the agent you want a two-door compact car with standard shift.

   _____

   _____

2. You tell a friend that your car won't start and that you need to call a tow truck. Tell him / her also that you need a new battery.

   _____

   _____

3. You are complaining about your car. Say that it costs you an arm and a leg because it breaks down often.

   _____

   _____

4. You ask your roommate what time the beauty salon opens and you add that you need a haircut.

   _____

   _____

5. Your son is driving too fast. Tell him that the speed limit on the freeway is sixty-five miles per hour.

   _____

   _____

G. Crucigrama

Horizontal

5. Mi coche no funciona; está _____ .
7. ir a pie
10. a menudo
11. Necesito el _____ para cambiar la llanta.
13. Tengo un teléfono _____ en el coche.
15. opuesto de **lleno**
17. No es una calle; es una _____ .
19. La necesito para poder conducir: _____

21. No está a la derecha. Está a la _____ .
22. No siga derecho. Debe _____ aquí.
24. No es un coche grande. Es un coche _____ .
26. persona que arregla coches
27. Necesitan piezas de _____ .
29. El coche tiene dos _____ de aire.
30. _____ la pena comprarlo.

204 Lección 12, Workbook Activities

Vertical

1. oficina de correos
2. salón de belleza
3. Me costó un _____ de la cara.
4. Mi coche es de cambios _____ .
6. Ana necesita un _____ de pelo.
8. Me gusta más un coche _____ .
9. La _____ máxima es de 65 millas.
12. tener dudas
14. estación de servicios
16. batería

18. grúa
20. Los necesito para parar el coche.
23. opuesto de **cerrado**
25. en todos lados: en todas _____
28. Mi coche tiene problemas. Lo voy a llevar al _____ de mecánica.

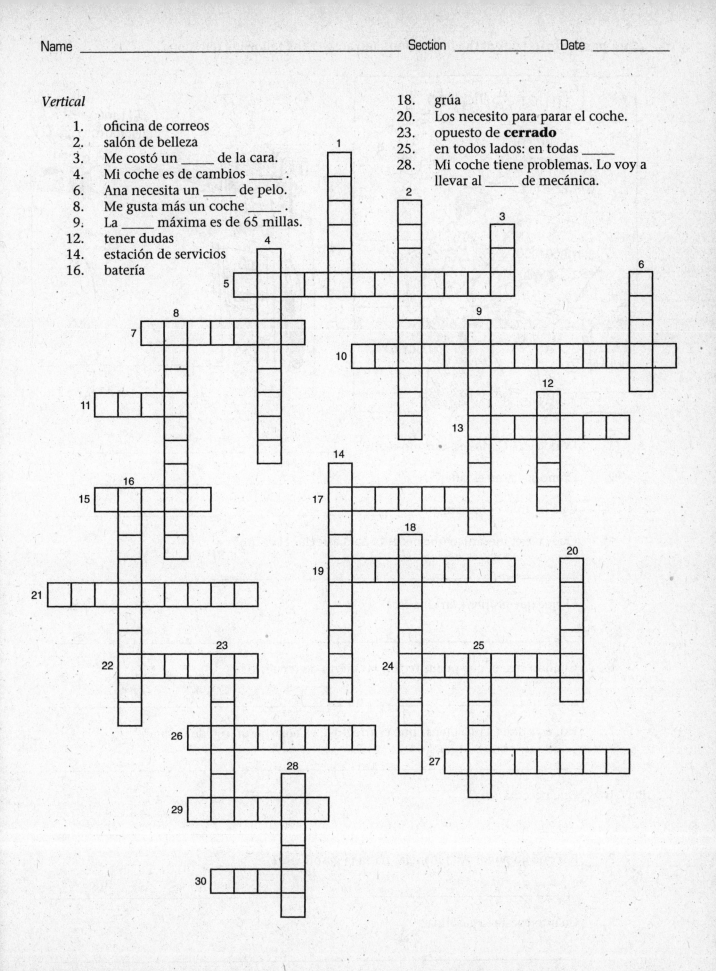

Lección 12, Workbook Activities **205**

H. ¿Qué pasa aquí? Look at the illustrations and answer the following questions.

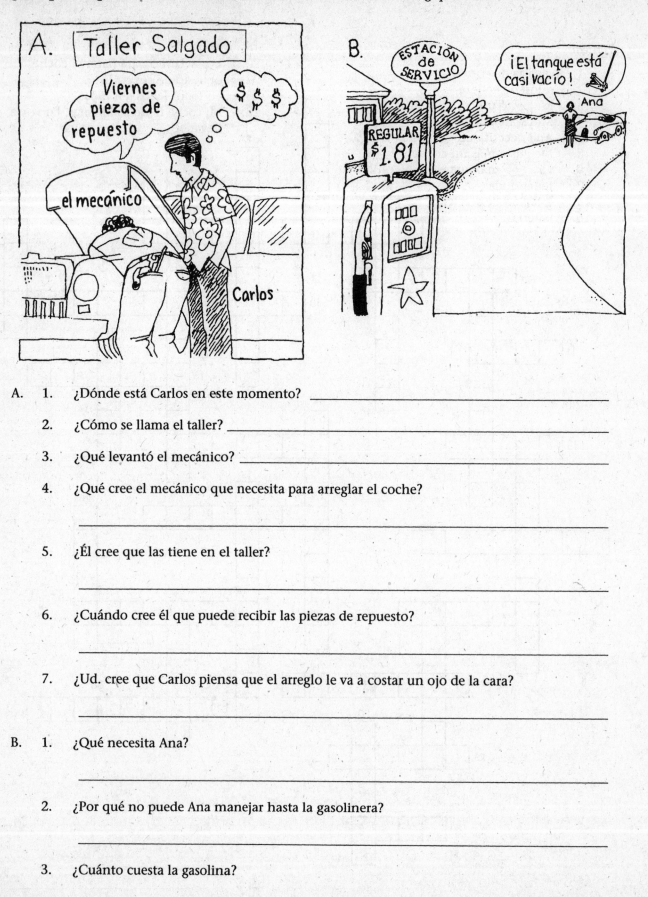

A. 1. ¿Dónde está Carlos en este momento? _____

   2. ¿Cómo se llama el taller? _____

   3. ¿Qué levantó el mecánico? _____

   4. ¿Qué cree el mecánico que necesita para arreglar el coche?

      _____

   5. ¿Él cree que las tiene en el taller?

      _____

   6. ¿Cuándo cree él que puede recibir las piezas de repuesto?

      _____

   7. ¿Ud. cree que Carlos piensa que el arreglo le va a costar un ojo de la cara?

      _____

B. 1. ¿Qué necesita Ana?

      _____

   2. ¿Por qué no puede Ana manejar hasta la gasolinera?

      _____

   3. ¿Cuánto cuesta la gasolina?

      _____

4. ¿Qué otra cosa necesita Ana?

   _____

5. ¿Qué no tiene Ana en el maletero?

   _____

Panorama hispánico

Complete the following charts.

Perú
Capital: _____
Población: _____
Moneda del país: _____
Principal fuente de riqueza: _____
Otras industrias importantes: _____ y _____
Animales típicos de la fauna peruana: _____, _____ y
_____
Principales atracciones turísticas: _____ y _____
Universidad más antigua de Suramérica: _____

Ecuador
Capital: _____
Islas pertenecientes a Ecuador: _____
Población: _____
Base de la economía: _____, _____ y
_____
Moneda oficial: _____
Monumento importante: _____
Famoso mercado de artesanías: _____

Laboratory Activities

I. Para escuchar y contestar

Diálogos: Se venden coches usados

The dialogues will be read first without pauses. Pay close attention to the speakers' intonation and pronunciation.

En el Distrito de Miraflores de Lima, Perú, vive la familia Ugarte, de Guayaquil, Ecuador. Liliana, una sobrina de la Sra. Ugarte, y su esposo Ramiro están viviendo con ellos por un tiempo. Ramiro trabaja y va a asistir a la Universidad de San Marcos. Ahora están en el comedor, bebiendo café, leyendo el diario y hablando.

RAMIRO	—Creo que voy a necesitar un carro si tengo que ir al trabajo después de mi última clase...
LILIANA	—Bueno, ...aquí dice que se venden coches usados, pero dudo que podamos comprar uno con el dinero que tenemos.
RAMIRO	—A ver... (*Mira el anuncio.*) Coche compacto de dos puertas, de cambios mecánicos... Mm... Me gustan más los carros automáticos.

Don José Ugarte entra en el comedor, se sirve una taza de café y se sienta a hablar con Liliana y Ramiro.

DON JOSÉ	—Buenos días. ¿Están leyendo los avisos clasificados?
RAMIRO	—Sí. Dígame, don José, ¿usted cree que necesitamos comprar un carro?
DON JOSÉ	—Francamente, no creo que valga la pena. Escuchen lo que me pasó la semana pasada: El lunes por la mañana, mi auto no arrancó.
LILIANA	—Porque necesitaba un acumulador nuevo, ¿no?
DON JOSÉ	—No... Llamé una grúa, que llevó el coche al taller de mecánica. El arreglo me costó un ojo de la cara...
LILIANA	—Pero tía Marta dice que usted sabe arreglar carros.
DON JOSÉ	—No, no es verdad que yo sepa arreglar nada. Los coches modernos son muy complicados.
RAMIRO	—¿Cuántas veces al mes va a una gasolinera para comprar gasolina, don José?
DON JOSÉ	—Tres veces... cuatro... Eso es porque Marta me obliga a ir a pie a todas partes...
RAMIRO	—(*Se ríe.*) En serio... ¿su carro se descompone a menudo?
DON JOSÉ	—¡Sí! Funciona un día sí y otro no.
LILIANA	—¡Ay! Tengo que ir al correo y después a la peluquería. Necesito un corte de pelo. ¿A qué hora se cierra el correo?, ¿a las seis?
DON JOSÉ	—Dudo que esté abierto hasta las seis, pero váyanse ahora. Si toman el ómnibus, a lo mejor pueden llegar. Sigan derecho por la calle Esperanza hasta llegar a la avenida José Larco. Doblen a la izquierda y ahí pueden tomar el ómnibus.
LILIANA	—Vamos, Ramiro. Tenemos que acostumbrarnos a usar colectivos...
DON JOSÉ	—(*Bromeando*) Si quieren, les vendo mi coche...
RAMIRO	—No, gracias. ¡Prefiero una bicicleta!

Now the dialogues will be read with pauses for you to repeat what you hear. Imitate the speakers' intonation and pronunciation.

Preguntas y respuestas

You will now hear questions about the dialogue. Answer each one, omitting the subject. The speaker will confirm your response. Repeat the correct response.

Situaciones

The speaker will present several situations based on the dialogue. Respond appropriately in Spanish to each situation. The speaker will confirm your response. Repeat the correct response. Follow the model.

MODELO: You tell a friend modern cars are very complicated.
Los coches modernos son muy complicados.

II. Pronunciación

When you hear the number, read the corresponding sentence aloud. Then listen to the speaker and repeat the sentences.

1. La familia Ugarte es de Guayaquil.
2. Aquí dice que se venden coches usados.
3. Se sirve una taza de café.
4. Están leyendo los avisos clasificados.
5. Marta me obliga a ir a pie a todas partes.
6. Doblen a la izquierda y ahí pueden tomar el ómnibus.

III. ¡Vamos a practicar!

A. You will hear a series of indirect commands with the construction **tener que** + *infinitive*. Change each one to a direct **Ud.** or **Uds.** command. The speaker will confirm your response. Repeat the correct response. Follow the model.

MODELO: Ud. tiene que estudiar la lección.
Estudie la lección.

B. Answer each question you hear in the affirmative or in the negative, according to the cue provided. The speaker will confirm your response. Repeat the correct response. Follow the model.

> MODELO: —¿Compro la bicicleta? (sí)
> **—Sí, cómprela.**
>
> —¿Compro el acumulador? (no)
> **—No, no lo compre.**

1. no
2. sí
3. sí
4. no
5. no

6. no
7. sí
8. no
9. sí
10. sí

C. Respond to each statement you hear by expressing doubt, disbelief, or denial. The speaker will confirm your response. Repeat the correct response. Follow the model.

> MODELO: —Creo que Ana tiene el libro.
> **—No creo que Ana tenga el libro.**

D. Answer the following questions, using the cues provided. The speaker will confirm your response. Repeat the correct response. Follow the model.

> MODELO: —¿A qué hora se abre el zoológico? (a las siete)
> **—Se abre a las siete.**

1. (español)
2. (a las nueve)
3. (lleno)

4. (taller)
5. (en California)
6. (español)

7. (inglés y francés)
8. (a las seis)

IV. Ejercicios de comprensión

A. You will hear three statements about each picture. Circle the letter of the statement that best corresponds to the picture. The speaker will verify your response.

1.

a b c

2.

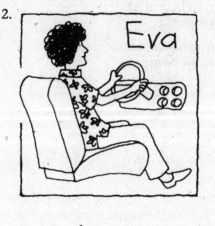

a b c

3.

a b c

4.

a b c

5.

a b c

B. Before listening to the dialogues in the section, study the comprehension questions below. Reviewing the questions ahead of time will help you to remember key information as you listen.

1. ¿Por qué volvió Fernando en ómnibus a su casa?
2. ¿Qué tuvo que llamar Fernando?
3. ¿Dónde dejó el coche?
4. ¿Qué dijo el mecánico que necesitaba el coche?
5. ¿Tiene el coche otros problemas?
6. ¿Cuándo va a ir Fernando al taller?
7. ¿Qué dice Adela que tiene que hacer?
8. ¿Cómo va a ir Fernando a la oficina?
9. ¿Qué está leyendo Blanca?
10. ¿Qué necesita comprar Blanca?
11. ¿Dónde se venden coches usados?
12. ¿Adónde tiene que ir Gerardo?
13. ¿Qué necesita Gerardo?
14. ¿Cuándo puede ir Gerardo con Blanca?

V. Para contestar

The speaker will ask you some questions. Answer each question, using the cue provided. The speaker will verify your response. Repeat the correct response.

1. (sí)
2. (sí)
3. (no)
4. (popular)
5. (dos)
6. (no)
7. (sí)
8. (no)
9. (sí)
10. (sí)

VI. Para escuchar y escribir

Tome nota

You will hear some excuses that four brothers and sisters give their Mom so they don't have to visit some boring relatives. First, listen carefully for general comprehension. Then as you listen a second time, fill in the information requested.

EXCUSA

Graciela:	Lugares:	1. _____
		2. _____
Irene:	Lugar:	_____
	Para comprar:	_____
Fernando:	Lugar:	_____
	Razón:	_____
Ángel:	Lugar:	_____
	Va a comprar:	1. _____
		2. _____

Dictado

The speaker will read six sentences. Each sentence will be read twice. After the first reading, write what you heard. After the second reading, check your work and fill in what you missed.

1. _____

2. _____

3. _____

4. _____

5. _____

6. _____

Hasta ahora... Una prueba

Let's combine the structure and the vocabulary from lessons 11 and 12. How much can you remember?

A. Complete the following exchanges, using the infinitive, the present indicative, or the present subjunctive of the verbs given.

1. —¿Qué van a hacer tus padres este verano?

   —Ellos quieren _____ (viajar) a Colombia, pero no quieren _____ (gastar) mucho dinero.

   —¿Qué les sugieres tú?

   —Yo les sugiero que _____ (viajar) entre semana y que no _____ (ir) en primera clase, pero ellos temen que no _____ (ser) muy cómodo viajar en clase turista.

2. —¿Tú necesitas que yo _____ (ir) a la agencia de viajes hoy?

   —Sí, y quiero que le _____ (pedir) al agente folletos sobre Perú y Ecuador.

   —Dudo que yo _____ (poder) ir hoy porque voy a terminar tarde en la oficina.

3. —¿Tú quieres que Carlos _____ (comprar) un coche nuevo?

   —Sí, y deseo que _____ (ser) un coche automático, pero creo que él _____ (preferir) uno de cambios mecánicos, porque él espera que _____ (costar) menos y que _____ (gastar) menos gasolina.

   —Ojalá que ustedes _____ (poder) estar de acuerdo cuando compren el coche.

4. —¿A qué taller me aconsejas que _____ (llevar) el coche?

   —Te aconsejo que lo _____ (llevar) al Taller Salgado. Es el mejor.

   —Es verdad que es bueno, pero no creo que _____ (ser) el mejor. Además, creo que _____ (cobrar) muy caro.

   —No te niego que _____ (cobrar) caro, pero hacen un buen trabajo.

B. Complete the following exchanges, using the Spanish equivalent of the words in parentheses.

1. —¿Adónde quiere Ud. que yo _____? (*go*)

   —_____ Ud. a la estación de servicio y _____ una
   batería nueva. (*Go / buy*)

2. —¿A qué hora quiere Ud. que nosotros _____? (*come*)

   —_____ aquí a las ocho y, por favor, _____ Uds.
   puntuales. (*Be / be*)

3. ¿Le damos los folletos a Teresa?

   —No, _____ Teresa. _____ Carmen. (*don't give them
   to / Give them to*)

4. —Tú siempre gastas mucho dinero.

   —_____ que, a veces, _____ mucho,

   _____ que _____ siempre. (*I don't deny / I spend /

   but it's not true / I do it*)

5. —Marta, ¿ _____ a las nueve? (*the banks open*)

   —No, _____ a las diez. (*they open*)

   —¿Y el correo? ¿ _____? (*What time does it open*)

   —_____ a las nueve. (*It opens*)

C. Arrange the following vocabulary in groups of three, according to categories.

excelente	avión	hotel	padrino	pasaje	acumulador
corte de pelo	turista	peluquería	automóvil	avenida	gasolina
taller de mecánica	grúa	caminar	billete	magnífico	arrancar
estación de servicio	arreglo	correr	tren	neumático	boleto
de cambios mecánicos	gato	hospedaje	autopista	descomponerse	gasolinera
salón de belleza	vuelo	remolcador	automático	mecánico	madrina
buenísimo	viajero	llanta	batería	calle	ahijado
ir a pie	barco	pensión			

1. _____ _____ _____

2. _____ _____ _____

3. _____ _____ _____

4. _____ _____ _____

5. _____ _____ _____

6. _____ _____ _____

7. _____ _____ _____

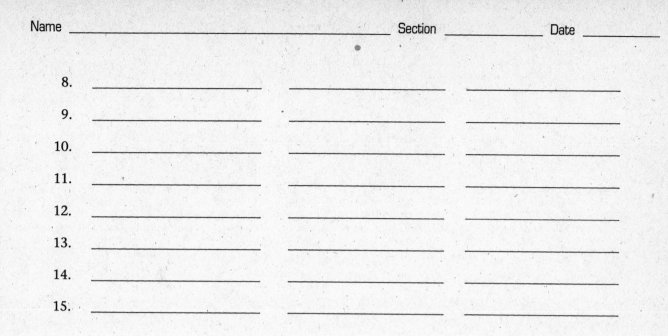

8. _____   _____   _____

9. _____   _____   _____

10. _____   _____   _____

11. _____   _____   _____

12. _____   _____   _____

13. _____   _____   _____

14. _____   _____   _____

15. _____   _____   _____

Un paso más

A. Read the ad for Renta Autos Perú, and then answer the questions that follow.

Renta Autos Perú

¿Necesita alquilar un coche? ¡Visítenos!

Tenemos coches completamente nuevos, grandes, medianos y compactos, automáticos o de cambios mecánicos. Todos con dos bolsas de aire.

Le ofrecemos:
- Los precios más bajos sin límite de kilómetros
- Entrega y recogida en cualquier lugar sin costo adicional
- Oficinas en todos los aeropuertos del país

Nota: Los coches se deben entregar con el tanque lleno.

Haga su reservación por teléfono o visite cualquiera de nuestras agencias.

Oficina Central ☎ 453-4532

1. ¿Cómo se llama la compañía que se anuncia?

   _____

2. Si quiero alquilar un auto que no gaste mucha gasolina, ¿cuál es mi mejor opción?

   _____

3. En mi familia somos seis personas, ¿debo alquilar un coche compacto o no? ¿Por qué?

   _____

4. ¿Cómo son los precios de la compañía?

   _____

5. Si llego a Perú en avión, ¿va a ser fácil alquilar un coche de Renta Auto Perú? ¿Por qué?

   _____

6. ¿Por qué son seguros (*safe*) los autos de esta compañía?

_____

7. Si alquilo con esta compañía, ¿debo pagar por los kilómetros?

_____

8. Si alquilo el coche en el aeropuerto, ¿puedo dejarlo en una agencia en la ciudad?

_____

9. ¿Debo pagar extra por este servicio?

_____

10. ¿Qué debo hacer antes de devolver (*to return*) el coche?

_____

11. ¿Qué puedo hacer si quiero reservar un auto con esta compañía?

_____

12. ¿A qué número de teléfono debo llamar?

_____

_____

B. Your best friend is going to be married in a month and you are helping her and her future husband to plan their honeymoon trip. Give them some ideas of places to visit. Tell them about different things they can do and see in those places, and also give them some ideas about how much the trips will cost. Suggest at least two or three different places.

Workbook Activities

A. **Para completar** Fill in the chart with the appropriate **tú** command forms.

	Affirmative Command	*Negative Command*
1. hablar		
2. comer		
3. escribir		
4. hacerlo		
5. venir		
6. bañarse		
7. afeitarse		
8. dormirse		
9. ponérselo		
10. ir		
11. ser		
12. vendérmelo		
13. levantarse		
14. tener		
15. salir		
16. decírselo		

B. ¿Qué hago? Someone is asking you for instructions. Tell this person what to do, using **tú** commands and the cues provided. Follow the model.

MODELO: —Aquí está el vestido. ¿Dónde lo pongo? (en mi cuarto)
—**Ponlo en mi cuarto.**

1. ¿Con quién voy a la tienda? (con Aurora)

   _____

2. ¿Qué les compro a los chicos? (calcetines)

   _____

3. ¿Qué te traigo a ti? (una billetera)

   _____

4. Aquí están las pantimedias. ¿A quién se las doy? (a Nora)

   _____

5. ¿Qué hago con los zapatos? ¿Se los doy a José? (no)

   _____

6. ¿Qué vestido me pruebo? (el vestido amarillo)

   _____

7. ¿Qué abrigo me pongo? (el abrigo verde)

   _____

8. ¿Voy a la tienda ahora? (no)

   _____

9. Ana trajo las camisetas. ¿Las pongo en la cama? (no)

   _____

10. Hoy tenemos la fiesta. ¿Se lo digo a Rita? (no)

    _____

11. ¿Qué hago para la cena? (pollo a la parrilla)

    _____

12. ¿A qué hora vengo mañana? (a las siete)

    _____

C. Lo que puedes hacer es... According to each person's situation, tell him / her what to do. Use **tú** commands. Follow the model.

MODELO: Tengo mucha sed y aquí hay refrescos.
   Bebe un refresco.

1. Tengo mucha hambre y hay sándwiches en la cocina.

_____

2. Tengo un examen difícil mañana.

_____

3. Yo necesito leer el periódico y mi hermano quiere que se lo dé.

_____

4. Estoy cansada y aquí hay una silla.

_____

5. Necesito aretes y allí hay una joyería muy buena.

_____

6. No puedo venir esta tarde, pero puedo venir esta noche.

_____

7. No puedo llamar a Eva hoy, pero puedo llamarla mañana.

_____

8. No puedo ponerme este vestido, pero puedo ponerme el vestido negro.

_____

9. Necesito los guantes de Nora y quiero pedírselos.

_____

10. Es tarde y quiero acostarme porque tengo sueño.

_____

D. ¿Cuál es la pregunta...? These are answers that David Torales gave. Write the questions that elicited each statement given as a response, using **qué** or **cuál** as appropriate.

1. _____

   Mi apellido es Torales.

2. _____

   Mi número de teléfono es 8-75-43-30.

3. _____

   Un pasaporte es un documento que se necesita para viajar.

4. _____

   Mi dirección es avenida Olmos, número 436, Lima.

5. _____

   Mi número de seguro social es 756-89-6523.

6. _____

   El polo es un deporte (*sport*) que se juega a caballo.

E. ¿Hay o no hay...? Look at the pictures below, and then complete each sentence with either the indicative or the subjunctive.

1. Vamos a un _____

   _____ donde

   _____ .

2. ¿Hay algún _____

   donde _____

   _____ ?

3. Tengo una empleada_____

_____

_____ .

4. Necesito una _____

_____

_____ .

5. Tengo una amiga que _____

_____

_____ .

6. No conozco a nadie que _____

_____

_____ .

7. Hay un señor que _____

_____

_____ .

8. No hay nadie que _____

_____

_____ .

F. Mensajes electrónicos Alicia just got home and found many messages waiting for her. Complete each one, using the present subjunctive or the present indicative.

1. ¿Tienes una cartera que _____ (hacer) juego con mis zapatos rojos?

   ¡La necesito para el sábado! Yo tengo tres carteras que no _____ (hacer)

   juego con nada. Mabel

2. ¿Conoces a algún muchacho que _____ (poder) ir a una fiesta con mi hermanita el

   sábado? Yo no conozco a nadie que _____ (ser) de la edad de ella y los muchachos

   que ella conoce _____ (tener) novia. Isabel

3. No vamos a ir al centro comercial porque no hay ninguna tienda que _____

   (tener) liquidación este sábado. Hay una zapatería que _____ (tener) las botas de

   cuero que a ti te gustan, pero no están en rebaja. Rosario

4. Mi papá busca una secretaria que _____ (saber) francés y alemán. Yo conozco a dos

   chicas que _____ (hablar) los dos idiomas, pero ninguna quiere trabajar los fines

   de semana. ¿Tú conoces a alguien que _____ (necesitar) trabajo? Raúl

G. Situaciones You find yourself in the following situations. What do you say?

1. You tell your roommate that you don't have anything to wear and ask him/her if he/she wants to go shopping with you.

   _____

   _____

2. At a store, you ask the clerk where the fitting room is. Ask also if they have blue pants in size medium.

   _____

   _____

3. You ask your sister to go to the store and return the shirt that she gave you because it's too small for you.

   _____

   _____

4. You ask someone if there is a bookstore that sells books in Spanish.

   _____

   _____

5. Your friend always worries about everything. Tell him/her not to worry.

   _____

226 Lección 13, Workbook Activities

H. Crucigrama

Horizontal

2. Vamos al centro _____.
6. No tengo nada que _____.
7. Fuimos a mirar _____.
8. hermana pequeña
9. tienda donde compramos libros
12. Los hombres usan calcetines y las mujeres usan _____.
16. estrecho
17. talla
19. Los hombres la usan.
21. Luis compra su ropa en el departamento de _____.
23. Necesito por lo _____ cien dólares.
25. lino
26. rebaja

11. Necesito _____ de tenis.
13. ni grande ni pequeña
14. hace juego
15. lo usan las mujeres
18. *Nike,* por ejemplo
20. Ponemos el dinero en la _____.
22. tipo de tela
24. *truck,* en español

Vertical

1. cuarto de una tienda donde nos probamos ropa
2. Los zapatos son de _____.
3. Necesito ropa _____.

4. Es una tienda por _____.
5. muy bonita
10. Se usa con una falda.

I. **¿Qué pasa aquí?** Look at the illustration and answer the following questions.

1. ¿Qué se va a probar Carmen?

_____

2. ¿El vestido está en liquidación?

_____

3. ¿Qué descuento[1] da la tienda hoy?

_____

4. ¿Qué le quiere comprar Carmen a Pablo?

_____

5. ¿Qué quiere comprar Rosa?

_____

6. ¿Qué lleva Rosa en la mano?

_____

7. ¿Qué número calza Adela?

_____

[1]discount *Hint*: % por ciento

8. ¿Le van a quedar bien los zapatos a Adela?

_____

9. ¿Le van a quedar grandes o chicos?

_____

10. ¿Cree Ud. que las botas son de buena calidad? (*quality*)

_____

11. ¿Adela piensa comprar las botas?

_____

12. ¿Cómo se llama la tienda?

_____

Para leer

El mensaje de José Luis

Éste es un mensaje electrónico que José Luis les mandó a sus padres.

¡Hola! ¿Cómo están todos? Yo estoy bien, pero muy cansado porque Carlos y yo estuvimos trabajando mucho para limpiar y arreglar nuestro apartamento.

Ayer fui de compras porque tenían una gran liquidación en mi tienda favorita. Ya compré casi todos los regalos de Navidad. A abuelo le compré unos pañuelos y una corbata y a abuela un camisón. Para Anita compré una blusa rosada y para Jorge una billetera. No les digo lo que compré para ustedes porque quiero que sea una sorpresa.

Yo invité a Carlos a pasar la Navidad con nosotros, pero él va a pasar las vacaciones en la casa de los padres de su novia.

¡Ah! Todavía estoy buscando a alguien que me lleve en coche a Viña del Mar en diciembre. Si no encuentro a nadie, voy a alquilar un coche.

Mamá, hazme un favor: dile a Silvia que me escriba o me llame por teléfono. ¡La extraño mucho!

Bueno, denle cariños° a toda la familia. Los veo en diciembre.   *love*
Besos.

José Luis

¡Conteste!

1. ¿Qué les mandó José Luis a sus padres?

   _____

2. ¿Qué estuvieron limpiando y arreglando él y Carlos?

   _____

3. ¿Qué hizo José Luis ayer?

   _____

4. ¿Qué tenían en su tienda favorita?

   _____

5. ¿Qué le compró a su abuelo?

   _____

6. ¿Qué compró para Anita?

   _____

7. ¿Le compró algo a Jorge?

   _____

8. ¿Por qué no les dice a sus padres lo que les compró?

   _____

9. ¿Dónde va a pasar Carlos las vacaciones?

   _____

10. ¿Qué está buscando José Luis?

    _____

11. ¿Qué quiere que su mamá le diga a Silvia?

    _____

12. ¿En qué mes va a ver José Luis a toda la familia?

    _____

Panorama hispánico

Complete the following chart.

Chile

Capital: _____

Población: _____

Nombre que se le da a Chile: _____

Porcentaje de personas que saben leer y escribir: _____

Productos de exportación: _____ , _____ ,

_____ y _____ .

Balneario muy famoso: _____

Dos grandes poetas chilenos: _____ y _____

Famosa novelista chilena: _____

Lección 13

Laboratory Activities

I. Para escuchar y contestar

Diálogo: Vamos de compras

Ángela y Rebeca Montoya son dos hermanas que viven con sus padres en Santiago, Chile. Asisten a la misma universidad, trabajan en la misma oficina y muchas veces salen juntas. Hoy, por ejemplo, van de compras con Fernando, el novio de Ángela, y con Gonzalo, el novio de Rebeca. Primero, los cuatro van a almorzar.

En un restaurante de comida rápida.

ÁNGELA —Fernando, ¿qué te parece si Rebeca y yo vamos a los Almacenes París y Gonzalo y tú van a la zapatería?

FERNANDO —Buena idea. Yo quiero cambiar un par de botas que me quedan chicas y Gonzalo necesita zapatos.

GONZALO —También quiero ir a la librería y después voy a tratar de encontrar algún disco compacto que le guste a mi hermanita.

REBECA —Oye, ¿no dijiste que necesitabas calcetines y zapatos de tenis? Cómpralos hoy que tienes la oportunidad.

FERNANDO —Sí... y yo necesito una camiseta... Dime, Ángela, ¿cuánto tiempo crees tú que van a tardar en hacer sus compras?

ÁNGELA —Por lo menos dos horas, quizás tres... Yo tengo mi teléfono celular. Llámame para saber a qué hora nos encontramos.

FERNANDO —A ver... ¿cuál es tu número de teléfono...?

ÁNGELA —¡¿Qué?!

REBECA —(*Se ríe.*) No te preocupes. Él sabe tu número mejor que el suyo. ¡Vamos!

En la tienda

ÁNGELA —Ven acá, Rebeca. Mira esta falda. Hace juego con la blusa que compré ayer. Y este vestido... ¿no es precioso?

REBECA —¡Pruébatelo! Pero la falda te va a quedar grande. Busca una en talla mediana.

ÁNGELA —Aquí hay una. ¿Dónde está el probador?

REBECA —Allí, al lado de la caja. Yo tengo algunas cosas también... ¡Es que no tengo nada que ponerme!

En la zapatería

FERNANDO —(*Al empleado*) ¿Tienen botas como éstas que sean más anchas? Éstas son un poco estrechas... Yo calzo el número cuarenta.

GONZALO —(*Al empleado que le está probando unos zapatos de tenis*) Éstos me quedan bien.

EMPLEADO —Y le van a durar, porque son de una marca muy buena.

A las cuatro, todos se encuentran a la salida del centro comercial. Ángela y Rebeca están cargadas de paquetes, pero Fernando y Gonzalo sólo tienen uno cada uno.

FERNANDO	—(*A su novia*) No hay nadie que pueda comprar tanto como ustedes dos en un par de horas...
ÁNGELA	—Hazme un favor... ¡Llama un taxi!
GONZALO	—(*Bromeando*) ¡Necesitamos un camión!
REBECA	—No exageres y ayúdame...
FERNANDO	—¡Ahí viene uno libre! ¡Taxi!

Now the dialogue will be read with pauses for you to repeat what you hear. Imitate the speakers' intonation patterns.

Preguntas y respuestas

Answer the following questions, omitting the subject. The speaker will confirm your response. Repeat the correct response.

Situaciones

The speaker will present several situations based on the dialogue. Respond appropriately in Spanish to each situation. The speaker will confirm your response. Repeat the correct response. Follow the model.

> MODELO: You ask your friend what size shoe she takes.
> **¿Qué número calzas?**

II. Pronunciación

When you hear the number, read the corresponding sentence aloud. Then listen to the speaker and repeat the sentence.

1. Fernando y Gonzalo van a la zapatería.
2. ¿No dijiste que necesitabas calcetines y zapatos de tenis?
3. ¿Cuánto tiempo van a tardar en hacer sus compras?
4. Él sabe tu número mejor que el suyo.
5. Hace juego con la blusa que compré.
6. Se encuentran a la salida del centro comercial.

III. ¡Vamos a practicar!

A. Answer each question you hear with the familiar **tú** command of the corresponding verb. The speaker will confirm your response. Repeat the correct response. Follow the model.

> MODELO: —¿No vas a ir al baile?
> **—No, ve tú.**

B. Answer each question you hear in the negative, using the familiar **tú** command and the corresponding object pronoun. Remember that the negative **tú** command forms are the same as **tú** forms of the present subjunctive. The speaker will confirm your response. Repeat the correct response. Follow the model.

> MODELO: —¿Abro la puerta?
> **—No, no la abras.**

C. Respond to each statement you hear by using **qué** or **cuál** to formulate the question that would elicit the statement as an answer. The speaker will confirm your response. Repeat the correct response. Follow the model.

> MODELO: —Mi dirección es calle Libertad, número 120.
> **—¿Cuál es su dirección?**

D. Answer the following questions, using the present subjunctive and the cues provided. The speaker will confirm your response. Repeat the correct response. Follow the model.

> MODELO: —¿Qué necesita? (casa / ser cómoda)
> **—Necesito una casa que sea cómoda.**

1. (casa / tener garaje)
2. (secretaria / hablar español)
3. (empleado / saber francés)
4. (empleo / pagar bien)
5. (a alguien / poder trabajar los sábados)
6. (alquilar apartamento / ser grande)
7. (coche / no costar mucho)
8. (apartamento / estar amueblado)

E. Answer the following questions, using the present indicative and the cues provided. The speaker will confirm your response. Repeat the correct response. Follow the model.

> MODELO: —¿No hay nadie que sepa hablar inglés? (chica)
> **—Sí, hay una chica que sabe hablarlo.**

1. (alguien)
2. (tres muchachos)
3. (muchas personas)
4. (una empleada)
5. (chica)

IV. Ejercicios de comprensión

A. You will hear three statements about each picture. Circle the letter of the statement that corresponds to the picture. The speaker will verify your response.

1. a b c   2. a b c   3. a b c

4. a b c   5. a b c

B. Before listening to the dialogues in this section, study the comprehension questions. Reviewing the questions ahead of time will help you to remember key information as you listen.

1. ¿Cuándo es la fiesta de Carmen?
2. ¿Por qué no va a poder ir Alicia a la fiesta?
3. ¿Qué hay en la tienda La Francia?
4. ¿Por qué no puede ir de compras Alicia?
5. ¿Qué puede prestarle Marta a Alicia?
6. ¿Qué talla usan Marta y Alicia?
7. ¿Qué desea el señor?
8. ¿Qué talla usa?
9. ¿Cómo le queda el traje?

10. ¿Qué más va a probarse el señor?
11. ¿Dónde está el probador?
12. ¿Qué más necesita el señor?
13. ¿Qué quiere probarse la señorita?
14. ¿Qué número calza ella?
15. ¿Le quedan bien los zapatos?
16. ¿Tienen zapatos más grandes?
17. ¿Tienen una rebaja en la zapatería hoy?
18. ¿La señorita quiere comprar algo más?

V. Para contestar

Answer the questions, using the cues provided. The speaker will confirm your response. Repeat the correct response.

1. (oficina)
2. (tres horas)
3. (sí)
4. (no)
5. (mediana)
6. (departamento de ropa para damas)
7. (de algodón)
8. (de cuadros)
9. (un reloj)
10. (un collar y un par de aretes)

VI. Para escuchar y escribir

Tome nota

You will hear a conversation in which Eva and José discuss their plans to go shopping. First listen carefully for general comprehension. Then, as you listen for the second time, fill in each person's shopping list.

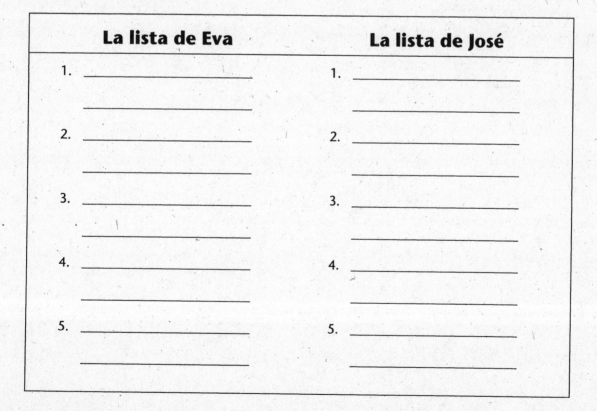

La lista de Eva	La lista de José
1. _____	1. _____
_____	_____
2. _____	2. _____
_____	_____
3. _____	3. _____
_____	_____
4. _____	4. _____
_____	_____
5. _____	5. _____
_____	_____

The speaker will read six sentences. Each sentence will be read twice. After the first reading, write what you heard. After the second reading, check your work and fill in what you missed.

1. _____

2. _____

3. _____

4. _____

5. _____

6. _____

Workbook Activities

A. **Vida de estudiantes** Some students are talking about their plans and daily activities. Complete these exchanges, using the present subjunctive or the present indicative.

1. —¿Qué vas a hacer tú en cuanto _____ (graduarte)?

   —Voy a tratar de conseguir un puesto. Y tú, ¿qué vas a hacer el próximo semestre?

   —No puedo tomar una decisión hasta que (ellos) me _____ (decir) si me van a dar la beca o no.

2. —¿Qué van a hacer Uds. cuando _____ (llegar) a su casa?

   —Vamos a cenar. Nosotros siempre cenamos en cuanto _____ (llegar) porque tenemos hambre. ¿Qué vas a hacer tú?

   —Voy a estudiar. Yo nunca puedo cenar hasta que mi padre _____ (volver) de la oficina.

3. —Mis padres siempre se enojan cuando yo _____ (olvidarme) de llamarlos.

   —Pues llámalos tan pronto como (nosotros) _____ (conseguir) un teléfono.

4. —Cuando tú _____ (ver) a Rogelio, dile que se matricule para el próximo semestre.

   —Él siempre se matricula tan pronto como sus padres le _____ (mandar) el dinero.

B. Nora está ocupada Nora is trying to do many things. Say what they are by completing the following sentences with the verbs given in parentheses.

1. Voy a ayudar a Eva para que (ella) _____ (poder) terminar su informe.

2. No puedo ir a la biblioteca a menos que Uds. _____ (llevarme) ni tampoco puedo matricularme sin que papá _____ (darme) el dinero.

3. Voy a limpiar el apartamento en caso de que mis compañeros _____ (venir) a visitarme y voy a preparar una ensalada de pollo para que ellos _____ (poder) comer algo cuando lleguen. Quiero hacer todo esto antes de que mi compañera de cuarto _____ (venir) de la universidad.

4. Quiero llamar a Ernesto para que me _____ (traer) los libros, pero no puedo hacerlo a menos que tú _____ (darme) el número de su celular.

5. Yo voy a tomar física con tal de que tú la _____ (tomar) también.

C. Para completar Complete the following chart, providing past participles.

	Participios pasados	
	Español	*Inglés*
1.	hablado	
2.		used
3.	aprendido	
4.		written
5.	recibido	
6.		died
7.	comparado	
8.		returned
9.	insistido	
10.		seen
11.	propuesto	
12.		broken
13.	terminado	
14.		done
15.	matriculado	
16.		said
17.	entregado	
18.		opened
19.	mantenido	
20.		put
21.	sido	
22.		covered

D. ¿Cómo están? Complete each sentence so that it describes the corresponding illustration.

1. El sofá está_____

2. Los niños_____

3. La_____

_____

4. Los_____

5. La carta _____

6. La_____

_____

7. Los hombres _____

8. La mujer _____

9. El baño_____

_____

E. Durante su ausencia Mariana's parents have been away. Tell them what has happened during their absence, using the present perfect of the verbs given.

1. Rosalía / graduarse

   _____

2. Carlos y Amalia / decidir mudarse

   _____

3. Graciela / no hacer nada

   _____

4. yo / escribir un informe

   _____

5. Ernesto / volver de su viaje a Argentina

   _____

6. Gerardo / romper con su novia

   _____

7. Ada y yo / ver varios apartamentos

   _____

8. Olga y Luis / hablar con su consejero

   _____

9. Gustavo / leer dos novelas

   _____

10. el Sr. Paz / abrir un restaurante

    _____

F. Nuevas experiencias You and I and some of our friends traveled last summer, and we did things that we had never done before. Use the past perfect to indicate what everybody had never done, according to the information provided. Follow the model.

MODELO: Los Suárez viajaron a Canadá.
           Los Suárez nunca habían viajado a Canadá.

1. Yo hice un crucero.

    _____

2. Fernando y Esperanza fueron a México.

    _____

3. Tú viste las pirámides de Egipto.

    _____

4. Amalia y yo comimos comida griega (*Greek*).

    _____

5. Alberto escaló (*climbed*) montañas.

    _____

6. Tú y Elba viajaron por el Nilo.

    _____

7. Claudia se hospedó en un castillo (*castle*).

    _____

8. Mirta y Susana estuvieron en Buenos Aires.

    _____

G. Situaciones You find yourself in the following situations. What do you say?

1. You ask a friend if he / she has taken all the requirements.

   _____

2. You ask your roommate what you have to tell the plumber when he comes this afternoon.

   _____

3. You tell your roommate to leave the door open so the electrician can come in.

   _____

4. You ask a classmate whether he / she has decided what his / her major is going to be.

   _____

5. You tell your friend that you are going to study for your physics class in case your professor gives a test tomorrow. Add that you don't want to fail.

   _____

   _____

6. Ask a classmate if he / she had taken accounting and business administration before he / she came to this college.

   _____

   _____

H. Crucigrama

Horizontal

4. opuesto de **empezar**
6. opuesto de **pasado**
7. Estudio _____ de empresas.
9. lo que nos da el profesor después de un examen
10. Tenemos que _____ una decisión.
11. opuesto de **parado**
13. muy bueno
15. Necesito el _____ de clases.
16. persona que cocina en un restaurante
18. Estudia en la universidad. Es estudiante _____.
20. lo que recibimos cuando terminamos en la universidad
22. terminar la carrera
23. Voy a ir con _____ que tú vayas también.
24. ¿Mi _____? Veinte años.
25. persona que escribe libros

2. lugar donde hacemos ejercicio
3. Mi especialización es _____ física.
5. persona que trabaja en una biblioteca
8. Sacó una "F". Él quedó _____.
12. Tiene una "A" y una "C". Su _____ es "B".
14. materia
17. materia que todos los estudiantes tienen que tomar
19. ciencia que estudia los problemas sociales
21. persona que vende

Vertical

1. dinero que recibe un estudiante para estudiar

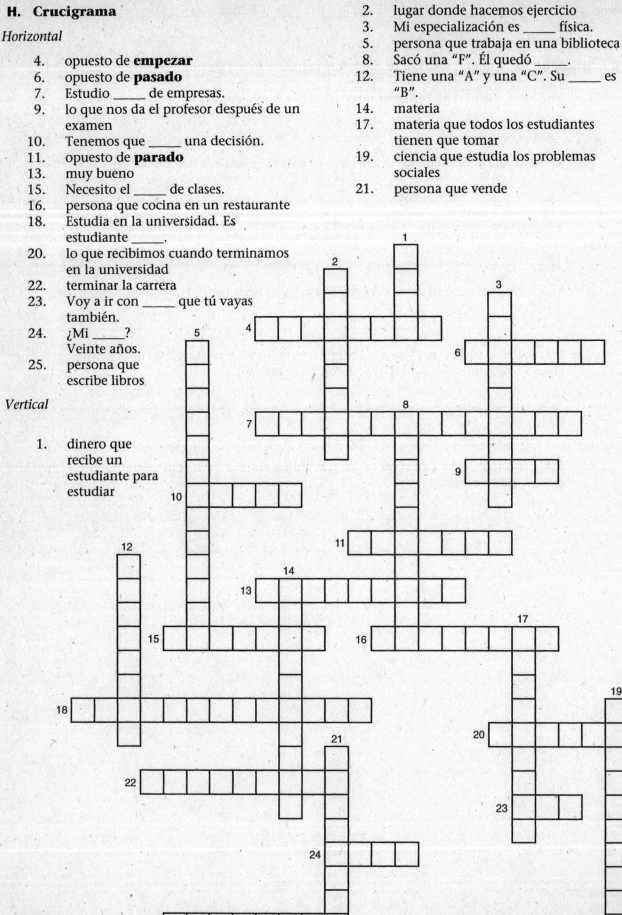

I. ¿Qué pasa aquí? Look at the illustration and answer the following questions.

1. ¿Qué nota teme recibir Andrés en el examen de química?

_____

2. ¿Cree Julio que Andrés va a quedar suspendido?

_____

3. ¿Qué espera el papá de Julia que estudie su hija?

_____

4. ¿Qué quiere estudiar Julia?

_____

5. ¿Qué cree el papá de Lola que va a pasar en el año 2008?

_____

6. ¿Qué va a hacer Lola cuando termine el semestre?

_____

7. ¿Qué nota cree Jorge que él va a sacar en matemáticas?

_____

8. ¿Cree Ud. que a Jorge le gusta la literatura?

_____

9. ¿Cree Ud. que Jorge estudia mucho para su clase de literatura?

_____

10. ¿Qué promedio tiene que mantener Adela para que le den la beca?

_____

11. ¿Qué cree Ud. que va a hacer Adela para que le den la beca?

_____

Panorama hispánico

Complete the following chart.

Argentina

Capital: _____

Lugar que ocupa en el mundo por su extensión: _____

Población: _____

Origen étnico de sus habitantes: _____, _____,

_____ y _____

Base de la economía tradicional: _____ y _____

Base de la economía actual: _____ y _____

Música típica: _____

Nombre que se le ha dado a Buenos Aires: _____

Una de las avenidas más anchas del mundo: _____

Atracciones turísticas del país: _____, _____,

_____ y _____

Laboratory Activities

I. Para escuchar y contestar

Diálogos: Comparando notas

The dialogues will be read first without pauses. Pay close attention to the speakers' intonation and pronunciation.

Mónica Valenzuela, una chica norteamericana de ascendencia mexicana, se graduó de la escuela secundaria en mayo y decidió escapar del calor de Arizona y volar a Buenos Aires. Allí visita a su amiga porteña, Norma Benedetti, que había pasado un año con ella y su familia. Mónica tuvo que llevar suéteres y un abrigo porque el 21 de junio empieza el invierno en Argentina. Hoy las dos muchachas están sentadas en un café de la avenida de Mayo, mirando pasar a la gente y hablando de sus planes para el futuro.

MÓNICA —Tú empezaste a asistir a la Facultad de Medicina en marzo, ¿no? ¿Qué tal te va?

NORMA —Me va bastante bien. Las clases son interesantísimas y pronto vamos a comenzar a trabajar en el hospital.

MÓNICA —Yo empiezo las clases en septiembre. Ya estoy matriculada en inglés, matemáticas, química, psicología y sociología. ¡Cinco requisitos!

NORMA —¿Qué otras materias son requisito?

MÓNICA —Física, biología, comunicación pública... Depende en parte de la especialización del estudiante... Oye, ¿no vamos a encontrarnos con tu hermano?

NORMA —Más tarde. Cuando él termine su última clase, me va a llamar.

MÓNICA —¡Ay! Tengo que llamar a mi mamá en cuanto lleguemos a tu casa esta noche, para que me diga si puede comprarme los libros que voy a necesitar.

NORMA —¿Ya has decidido cuál va a ser tu especialización?

MÓNICA —Bueno... todavía no he tomado ninguna decisión... Mi padre se enoja conmigo porque cuando él tenía mi edad, ya había decidido ser médico. Me gusta el periodismo, pero a veces quiero ser abogada... o arquitecta, o escritora...

NORMA —Bueno, cuando empieces a tomar clases, vas a darte cuenta de cuáles te gustan.

MÓNICA —Hasta ahora, lo único que me ha gustado siempre ha sido ir al gimnasio.

NORMA —Bueno... eso no te va a servir de mucho, ¡a menos que quieras ser profesora de educación física!

MÓNICA —¡Me has dado una magnífica idea! ¡Profesora de educación física! ¡Y quizás experta en nutrición! ¿Por qué no corremos en Palermo mañana, en caso de que tenga que ponerme en forma?

NORMA —¡No, no, no! Ya te he dicho que el único ejercicio que yo hago es ir de la sala de estar a mi cuarto... ¿Por qué no invitas a mi hermano? A él le encanta correr.

MÓNICA —¡Perfecto! Se lo voy a proponer en cuanto lo vea.

NORMA —¡Bárbaro! Con tal de que no insistas en que yo corra...

Now the dialogues will be read with pauses for you to repeat what you hear. Imitate the speakers' intonation and pronunciation.

Preguntas y respuestas

You will now hear questions about the dialogue. Answer each one, omitting the subject. The speaker will confirm your response. Repeat the correct response.

Situaciones

The speaker will present several situations based on the dialogue. Respond appropriately in Spanish to each situation. The speaker will confirm your response. Repeat the correct response. Follow the model.

> MODELO: You ask a classmate what subjects he/she has taken.
> —**¿Qué asignaturas has tomado?**

II. Pronunciación

When you hear the number, read the corresponding sentence aloud. Then listen to the speaker and repeat the sentences.

1. Mónica tuvo que llevar suéteres y un abrigo.
2. El 21 de junio empieza el invierno.
3. Vamos a comenzar a trabajar en el hospital.
4. Depende en parte de la especialización.
5. Todavía no he tomado ninguna decisión.
6. Me has dado una magnífica idea.

III. ¡Vamos a practicar!

A. Rephrase each statement you hear, using the cue provided. The speaker will confirm your response. Repeat the correct response. Follow the model.

> MODELO: Me escribió cuando llegó. (Me va a escribir)
> —**Me va a escribir cuando llegue.**

1. (Me voy a matricular)   3. (Van a esperar)
2. (Va a terminar)   4. (Voy a salir)

B. Answer the following questions in the affirmative, using the cues provided. The speaker will confirm your response. Repeat the correct response. Follow the model.

> MODELO: —¿Me vas a llevar a la playa? (no llover)
> —**Sí, te voy a llevar con tal que no llueva.**

1. (tener tiempo)   2. (tú / darme dinero)

Now answer the questions in the negative, using the cues provided. Follow the model.

MODELO: —¿Van a escribir Uds. el informe? (Uds. / traernos los libros)
—No podemos escribirlo sin que Uds. nos traigan los libros.

3. (Uds. / darnos el número)   4. (Uds. / prestarnos el coche)

Now answer the following questions, using the cues provided. Follow the model.

MODELO: —¿Piensas ir al laboratorio? (tener que trabajar)
—Pienso ir a menos que tenga que trabajar.

5. (hacer frío)   6. (ser muy difícil)

C. You will hear a series of verbs in the infinitive. Give the past participle of each verb. The speaker will confirm your response. Repeat the correct response. Follow the model.

MODELO: hablar
hablado

D. Answer each question you hear by saying that the action described has already been completed. The speaker will confirm your response. Repeat the correct response. Follow the model.

MODELO: —¿No van a abrir los libros?
—Están abiertos.

E. Change the verb in each sentence you hear to the present perfect tense. The speaker will confirm your response. Repeat the correct response. Follow the model.

MODELO: Yo hablo con mi consejero.
Yo he hablado con mi consejero.

F. Change the verb in each sentence you hear to the past perfect tense. The speaker will confirm your response. Repeat the correct response. Follow the model.

MODELO: Ella no se fue.
Ella no se había ido.

A. You will hear three statements about each picture. Circle the letter of the statement that best corresponds to the picture. The speaker will verify your response.

1.
a   b   c

2.
a   b   c

3.
a   b   c

4.
a   b   c

5.
a   b   c

B. Before listening to the dialogues in this section, study the comprehension questions below. Reviewing the questions ahead of time will help you to remember key information as you listen.

1. ¿Con quién habló Susana?
2. ¿Cuándo habló con él?
3. ¿Qué quiere el consejero que tome?
4. ¿Qué clases va a tomar Susana?
5. ¿Qué le gustaría ser a Susana?
6. ¿Dónde estudia Carlos?
7. ¿Qué quería ser el papá de Anita cuando era chico?
8. ¿El papá de Anita pudo ser abogado?
9. ¿Cuándo decidió ser profesor de francés?
10. ¿Cuándo fue a París?
11. ¿Dónde había estudiado francés antes?
12. ¿Qué otra asignatura le gustaba cuando estaba en la escuela secundaria?
13. ¿Qué quería escribir cuando estaba en la escuela secundaria?
14. ¿Cuándo piensa escribir un libro?

V. Para contestar

Answer the questions you hear, using the cues provided. The speaker will confirm your answers. Repeat the correct answer.

1. (2003)
2. (no)
3. (el español)
4. (sí)
5. (no, nunca)

6. (cinco)
7. (sí)
8. (sí)
9. (sí)
10. (ir de vacaciones)

VI. Para escuchar y escribir

Tome nota

You will hear a conversation between a student and her academic advisor. First listen carefully for general comprehension. Then, as you listen for a second time, fill in the student's name and class schedule.

Horario de clases		Sr. Sra. _____ Srta.				
Hora	lunes	martes	miércoles	jueves	viernes	sábado
8:00						
9:00						
10:00						
11:00						
12:00						
1:00						
2:00						
3:00						
4:00						
5:00						

The speaker will read six sentences. Each sentence will be read twice. After the first reading, write what you heard. After the second reading, check your work and fill in what you missed.

1. _____

2. _____

3. _____

4. _____

5. _____

6. _____

Hasta ahora... Una prueba

Let's combine the structure and the vocabulary from lessons 13 and 14. How much can you remember?

A. Complete the following exchanges, using the present indicative or the present subjunctive of the verbs given.

1. —¿Qué buscas?

   —Busco una bolsa que _____ (hacer) juego con mis zapatos.

   —Yo tengo una que _____ (hacer) juego con esos zapatos. Te la puedo prestar.

2. —¿Hay alguna tienda por aquí cerca que _____ (vender) artículos de cuero?

   —No, no hay ninguna tienda por aquí cerca, pero en el centro comercial hay dos tiendas que

   los _____ (vender).

3. —¿Qué vas a hacer cuando _____ (llegar) a tu casa?

   —Tan pronto como _____ (llegar) voy a empezar a estudiar, y después voy a

   cenar. ¿Y tú?

   —Yo siempre empiezo a estudiar en cuanto _____ (llegar), pero nunca ceno hasta

   que _____ (venir) mis padres.

4. —¿Vas a ir hoy al gimnasio?

   —¡Sí, con tal que mis hijos _____ (ir) conmigo.

   —En caso de que ellos no _____ (querer) ir, yo puedo acompañarte (*go with you*).

5. —¿Te vas a matricular mañana?

   —No, no puedo hacerlo sin que mis padres _____ (mandarme) dinero.

   —Yo puedo prestártelo hasta que tú lo _____ (recibir).

6. —¿Vas a hablar hoy con tu consejero?

   —Sí, voy a hablar con él en cuanto lo _____ (ver).

   —¿Qué le vas a decir cuando _____ (hablar) con él?

   —Que necesito que me dé el horario antes de que _____ (empezar) las clases.

B. Complete the following exchanges, using the Spanish equivalent of the words in parentheses.

1. —¿Tú sabes si la biblioteca _____ los domingos? (*is open*)

   —No, los domingos _____ . (*is closed*)

2. —¿La tarjeta que recibiste _____ en inglés o en español? (*was written*)

   —_____ en inglés. (*was written*)

3. —Eva ¿ _____ a Raúl? (*have you seen*)

   —No, no _____ esta semana. Sus amigos _____ que está de vacaciones. (*I haven't seen him / have told me*)

4. —¿Tú _____ en Chile antes? (*had been*)

   —Sí, yo _____ allí dos veces. (*had been*)

5. —Mamá, ¿me llamaste?

   —Sí, Paquito, _____ aquí, _____ un favor,

   _____ los libros en la mesa. (*come / do me / put*)

   —¿Después puedo ir al jardín?

   —Sí, pero antes _____ a casa de Marta y _____ que venga a las cinco. (*go / tell her*)

6. —Marisol, ¿ _____ el número de teléfono de Mario? (*what is*)

   —No sé el número de teléfono, pero sé _____ su dirección. (*what is*)

7. —Ernesto, ¿tú sabes _____ el mate? (*what is*)

   —Sí, es una bebida argentina.

C. Arrange the following vocabulary in groups of three, according to categories.

liquidación	botas	almacén	librería	grande	ancho
electricista	biología	hermoso	de rayas	nota	rayón
arquitecto	precioso	aretes	algodón	plomero	libro
centro comercial	rebaja	collar	pequeño	zapatos	estrecho
quedar suspendido	ingeniero	leer	vestido	anillo	bonito
carpintero	química	seda	ganga	física	promedio
de lunares	tienda	angosto	calzar	falda	abogado
de cuadros	blusa	mediano			

1. _____ _____ _____

2. _____ _____ _____

3. _____ _____ _____

4. _____ _____ _____

5. _____ _____ _____

6. _____ _____ _____

7. _____ _____ _____

8. _____ _____ _____

9. _____ _____ _____

10. _____ _____ _____

11. _____ _____ _____

12. _____ _____ _____

13. _____ _____ _____

14. _____ _____ _____

15. _____ _____ _____

Hasta ahora... Una prueba (Lecciones 13 y 14) **257**

Name _____ Section _____ Date _____

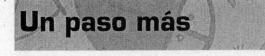

A. Read the ad below, and then answer the questions that follow.

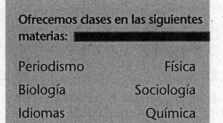

CURSOS DE VERANO
UNIVERSIDAD CENTRAL

Ofrecemos clases en las siguientes materias:

Periodismo	Física
Biología	Sociología
Idiomas	Química

Matrícula abierta de lunes a jueves, de 8:00 a 12:00 y de 2:00 a 5:00

Tenemos becas disponibles para estudiantes con un promedio de "B" o más.

Nota: Para poder graduarse necesita haber aprobado todas las asignaturas correspondientes a su carrera en cursos regulares y haber llenado todos los requisitos.

Para más información visite nuestras oficinas en avenida 9 de Julio No. 564, o llame a nuestros teléfonos 4381-6758 y 4381-9742

1. ¿Cómo se llama la universidad?

   _____

2. ¿Dónde tiene sus oficinas?

   _____

3. ¿En qué estación del año se ofrecen las clases?

   _____

4. ¿Cuándo está abierta la matrícula?

   _____

5. ¿A qué hora puedo ir a matricularme?

   _____

6. ¿Puedo ir los sábados? ¿Por qué?

   _____

7. ¿Qué materias de ciencias puedo tomar?

   _____

8. ¿Qué otros cursos se ofrecen?

   _____

9. ¿Qué promedio necesito tener para solicitar una beca?

   _____

10. Para graduarme, ¿puedo haber quedado suspendido en alguno de mis cursos regulares?

   _____

B. You are going on a vacation trip, and you will be on a very elegant beach resort for a week. Make a list of all the clothes that you will need to take with you. When you select your clothes, keep in mind the activities that you plan to do during your vacation. Explain why you are taking the different types of clothes.

Workbook Activities

A. Para completar Complete the chart with the corresponding forms of the future tense.

Infinitive	yo	tú	Ud., él, ella	nosotros	Uds., ellos, ellas
1. sacar					
2. decir	diré				
3. hacer		harás			
4. querer			querrá		
5. saber				sabremos	
6. poder					podrán
7. caber	cabré				
8. poner		pondrás			
9. venir			vendrá		
10. tener				tendremos	
11. salir					saldrán
12. valer	valdré				
13. ir		irás			
14. ser			será		

B. Planes para el futuro What will these people do? Answer the questions, using the cues provided and substituting direct objects for direct object pronouns when appropriate. Follow the model.

> MODELO: —¿Cuándo visitarán ustedes a la Sra. Fuentes? (el viernes)
> **—La visitaremos el viernes.**

1. ¿Cuándo hablarás tú con el médico? (mañana)

   _____

2. ¿Cuándo irán ustedes al consultorio del doctor Mena? (la semana próxima)

   _____

3. ¿Cuándo sabrás tú el resultado del examen? (esta tarde)

   _____

4. ¿Cuándo podrá venir la enfermera? (esta noche)

   _____

5. ¿Dónde pondrás las aspirinas? (en tu cuarto)

   _____

6. ¿Con quién vendrás al hospital? (con David)

   _____

7. ¿Traerán Uds. los antibióticos? (sí)

   _____

8. ¿Qué tendremos que hacer él y yo? (comprar el remedio)

   _____

9. ¿Dónde pondrás la silla de ruedas? (en el coche)

   _____

10. ¿A qué hora saldrán ustedes mañana? (a las seis)

    _____

C. ¿Qué dijeron...? You are giving information about what everyone, including yourself, intended to do. Follow the model.

> MODELO: —¿Qué dijo él? (venir)
> **—Dijo que vendría.**

1. ¿Qué dijo usted? (ir a la sala de emergencia)

   _____

2. ¿Qué dijo Magali? (descansar mañana)

_____

3. ¿Qué dijeron ustedes? (salir temprano)

_____

4. ¿Qué dije yo? (traerme un cafecito) (*Use* **tú** *form*)

_____

5. ¿Qué dijeron tus padres? (prestarme dinero)

_____

6. ¿Qué dijo la enfermera? (ponerle una inyección al niño)

_____

7. ¿Qué dijimos Rafael y yo? (ir a Asunción)

_____

8. ¿Qué dijiste? (tener que llamar una ambulancia)

_____

9. ¿Qué dijeron ellos? (ustedes no saber el resultado del análisis)

_____

10. ¿Qué dijo el médico? (no poder vernos hoy)

_____

D. En un mundo perfecto Complete the following sentences, using the conditional tense.

1. ...yo _____ (levantarse) más temprano y

_____ (acostarse) más tarde. _____ (Ir) a

la biblioteca los sábados y _____ (estudiar) hasta las cinco.

_____ (Salir) de mi casa a las siete y

_____ (pasar) una hora en la biblioteca, estudiando.

2. ...mis padres _____ (trabajar) menos y

_____ (divertirse) más. _____ (Tener)

más tiempo libre y _____ (hacer) muchas cosas que siempre han

querido hacer.

3. ...todos nosotros _____ (ahorrar) más dinero y

_____ (poder) comprar el coche que queremos.

4. ...tú _____ (mantener) un promedio de "A",

_____ (conseguir) una beca y _____

(graduarse) con honores.

E. Para las once de la noche The following is what will have happened at our house by 11
o'clock. Complete each statement, using the future perfect of the verbs given.

1. Mi hermano y yo _____ (limpiar) el garaje.

2. Mi mamá _____ (ir) al hospital a visitar a mi tía.

3. Yo _____ (volver) de la oficina.

4. Los chicos _____ (hacer) la tarea (*homework*).

5. Tú _____ (hablar) con el médico.

6. Ustedes _____ (preparar) la cena.

7. Todos nosotros _____ (cenar).

8. Mis padres _____ (acostarse).

F. Para completar Complete the chart with the corresponding forms of the conditional perfect tense.

English	Subject	Conditional *haber*	Past participle
1. I would have gone.	**Yo**	**habría**	**ido.**
2. You would have walked.	Tú		
3. He would have come.			venido.
4. She would have worked.	Ella		
5. We would have finished.		habríamos	
6. I would have helped.			ayudado.
7. They would have had lunch.			almorzado.
8. I would have danced.		habría	
9. You would have called.	Tú		
10. He would have written.		habría	
11. She would have driven.	Ella		
12. We would have eaten.		habríamos	
13. They would have returned.			vuelto.

G. Antes de graduarnos Complete the following sentences to say what everyone would have done before graduating from college, using the conditional perfect tense.

1. Yo _____ (tomar) los requisitos antes (*sooner*).

2. Tú _____ (solicitar) una beca.

3. Mi hermano _____ (jugar) (*play*) al fútbol americano.

4. Mi hermana _____ (aprender) otros idiomas.

5. Mi compañera de cuarto _____ (estudiar) más.

6. Mi novio y yo _____ (ir) a todos los partidos.

7. Uds. _____ (gastar) menos dinero.

8. Yo _____ (mantener) un promedio de "A".

H. Los tiempos del indicativo: Un repaso Complete the following dialogues, using the verbs given in parentheses and the tenses indicated.

1. *Presente*

   —¿Dónde _____ (estar) mi libro? No lo _____ (encontrar).

   —Yo no _____ (saber). Tú nunca lo _____ (poner) en tu escritorio.

   —¿Tú _____ (poder) prestarme el tuyo?

   —No, no lo _____ (tener) aquí.

2. *Pretérito*

   —¿Tú _____ (ir) al cine anoche?

   —No, no _____ (poder) ir porque _____ (tener) que estudiar. ¿Qué _____ (hacer) tú?

   —Yo _____ (trabajar) hasta las nueve y _____ (volver) a casa a las diez.

3. *Imperfecto*

   —¿Uds. _____ (ir) a todos los partidos de fútbol cuando _____ (estar) en la universidad?

   —Sí, _____ (ser) fanáticos de los deportes (*sports*). También _____ (ver) todos los partidos en la televisión, ¿y tú?

   —Yo _____ (preferir) ir a fiestas.

4. *Futuro*

   —¿Qué _____ (hacer) tú mañana? ¿_____ (Ir) al club?

   —No, no _____ (poder) ir porque _____ (tener) que estudiar para el examen parcial.

5. *Condicional*

   —Voy a tomar química.

   —Yo no la _____ (tomar) este semestre. _____

   (Esperar) hasta el próximo semestre.

   —En ese caso _____ (tener) que tomar biología y eso

   _____ (ser) más difícil.

6. *Pretérito perfecto*

   —¿Dónde _____ (estar) tú hoy?

   —_____ (Estar) en la universidad, hablando con unos jóvenes que

   _____ (venir) de Cuba. ¿Y qué _____

   (hacer) Uds.?

   —No _____ (hacer) nada.

7. *Pluscuamperfecto*

   —Cuando tú llegaste a casa, ¿ya _____ (venir) los carpinteros?

   —No, porque Olga no los _____ (llamar).

8. *Futuro perfecto*

   —Yo ya _____ (graduarme) para el año 2008. Y Uds.,

   ¿_____ (terminar) su carrera?

   —Sí, y _____ (empezar) a trabajar.

9. *Condicional perfecto*

   —De haber sabido que esta asignatura era tan difícil, yo no la _____

   (tomar).

   —Eva y yo no la _____ (tomar) tampoco.

   —¿Qué _____ (hacer) Uds.?

   —_____ (tomar) literatura.

I. **Las partes del cuerpo** Write the parts of the body that correspond to the numbers in the illustration.

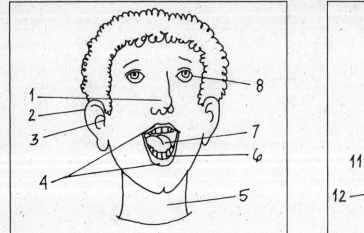

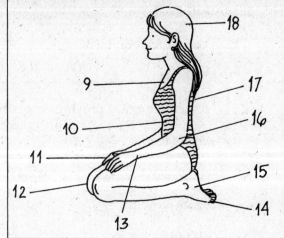

1. _____

2. _____

3. _____

4. _____

5. _____

6. _____

7. _____

8. _____

9. _____

10. _____

11. _____

12. _____

13. _____

14. _____

15. _____

16. _____

17. _____

18. _____

J. El mundo de la medicina Supply the missing words. The letters in the center column will form a Spanish proverb. Write the proverb on the line provided below.

1. Trabaja con un médico; es _____.   — — — | — — — — — —

2. Soy _____ a la penicilina.   — | — — — — — —

3. Tiene una _____ de 39 grados.   — — — — | — — — — — —

4. Cuando me duele la cabeza tomo _____.   — — — | — — — —

5. El médico me _____ una medicina ayer.   — | — — — — — —

6. Lo llevaron al hospital en una _____.   — | — — — — — —

7. Es un antibiótico.   — | — — — — — —

8. Está en el consultorio del _____.   — — — — | — —

9. Tuvo un _____; lo llevaron al hospital.   — — — — | — — —

10. Está en la _____ de emergencia.   — | — — — —

11. Veo con los _____.   — | — — —

12. _____ X   — | — — — —

13. Tengo _____ de cabeza.   — — — | —

Proverbio: _____

K. Situaciones You find yourself in the following situations. What do you say?

1. You ask a friend if she would like to live in a colonial house with fruit trees and an enormous garden.

   _____

   _____

2. You ask a classmate what he will have to do tomorrow. You tell him that you will have to go to the doctor because you don't feel well.

   _____

   _____

3. You are talking to your doctor and describing your symptoms: your throat hurts, your head hurts, and you are coughing a lot.

_____

_____

4. You want to visit a friend tomorrow night. Ask her if she will have gone to bed by ten.

_____

_____

5. A friend of yours and his family went to Nebraska on vacation. You tell him where you and your family would have gone.

_____

_____

6. Your friend is sick. You tell her that you hope she gets better soon.

_____

_____

L. Crucigrama

Horizontal

3. Es rubia, de _____ azules.
6. ¿Quieres miel de _____ ?
9. Hubo un accidente. Llame una _____ .
10. medicina
12. penicilina, por ejemplo
14. Le pusieron una inyección _____ .
16. muy, muy grande
18. Tengo árboles _____ en mi patio.
20. El médico está en su _____ .
21. Elsa está _____ . Va a tener el bebé en julio.
22. comer algo por la tarde
23. Necesita una silla de _____ .
24. Si tiene una temperatura de 103 grados, tiene _____ .

Vertical

1. La necesitamos para hablar.
2. Es parte de la pierna.
4. examen
5. resfriado
7. Está en la sala de rayos-X. Le van a hacer una _____ .
8. ¿No puedes ir? ¡Qué _____ !
11. Son parte de la mano.
12. Las tomo cuando me duele la cabeza.
13. romperse
15. a la perfección
17. opuesto de **empeorarse**
19. Los necesitamos para comer.

M. **¿Qué pasa aquí?** Look at the illustration and answer the following questions.

1. ¿Qué le duele a Alberto?

   _____

2. ¿Cuántas aspirinas tomó?

   _____

3. ¿Se siente mejor ahora?

   _____

4. ¿Qué le pasó a Rita?

   _____

5. ¿Qué le van a tener que poner a Rita?

   _____

6. ¿Cuándo fue la última vez que le pusieron una inyección antitetánica?

   _____

7. ¿Cómo trajeron a Luis al hospital?

   _____

8. ¿Adónde lo llevan?

    _____

9. ¿Se siente bien Isabel?

    _____

10. ¿Está embarazada Isabel?

    _____

11. ¿A qué medicina es alérgica Rosa?

    _____

Para leer

Del diario de Ana Luisa

Jueves, 15 de febrero

Querido diario:

¡Ayer fue un desastre! Cuando me levanté no me sentía bien y me dolía la garganta. Llamé al Dr. Medina, pero él no estaba. Tuve que ir a ver a otro médico. Llegué a su consultorio a eso de las nueve y estuve allí hasta las once. Me recetó un antibiótico y me dijo que tenía gripe y que tenía que descansar. No pude ir a mi clase de química y el profesor dio un examen.

Anoche fue la fiesta de Juliana y yo no pude ir. Mamá me hizo té con miel de abeja y me acosté. A las nueve, Juliana me llamó para decirme que Carlos estaba en la fiesta con Marisol. De haber sabido que él iba a ir con ella, habría ido a la fiesta.

Bueno... creo que lo que tengo es contagioso porque tengo una temperatura de 39 grados.

Mañana tendré que llamar a Carlos y decirle que estoy enferma. Además, lo voy a invitar a ir a la discoteca con todos nuestros amigos porque para entonces ya me habré curado. Yo creo que a él le gustaría ir a bailar. ¡Pero no pienso decirle nada a Marisol!

Bueno, espero sentirme mejor mañana. Voy a tomar dos aspirinas porque todavía me duele la cabeza. ¡Hasta mañana! ¡El sábado estaré bailando con Carlos!

¡Conteste!

1. ¿Ayer fue un buen día para Ana Luisa?

    _____

2. ¿Cómo se sentía cuando se levantó?

    _____

3. ¿Quién es el médico de Ana Luisa?

    _____

4. ¿Por qué tuvo que ver a otro médico?

_____

5. ¿A qué hora llegó a su consultorio?

_____

6. ¿Hasta qué hora estuvo allí?

_____

7. ¿Qué le recetó el médico?

_____

8. ¿Qué le dijo?

_____

9. ¿Qué dio el profesor de química?

_____

10. ¿A dónde no pudo ir Ana Luisa anoche?

_____

11. ¿Qué tomó Ana Luisa antes de acostarse?

_____

12. ¿Para qué llamó Juliana a Ana Luisa?

_____

13. ¿Qué habría hecho Ana Luisa de haber sabido que Carlos iba a ir a la fiesta con Marisol?

_____

14. ¿Por qué cree Ana Luisa que lo que tiene es contagioso?

_____

15. ¿Para qué tendrá que llamar mañana a Carlos?

_____

16. ¿Por qué cree Ana Luisa que podrá ir a la discoteca el sábado?

_____

17. ¿Ana Luisa piensa invitar a Marisol?

_____

18. ¿Por qué va a tomar dos aspirinas Ana Luisa?

_____

Panorama hispánico

Complete the following charts.

Paraguay

Capital: _____

Población: _____

Idiomas oficiales: _____ y _____

Planta hidroeléctrica importante: _____

Principales vías de transporte: _____

Significado (*Meaning*) de la palabra guaraní " Iguazú": _____

Bolivia

Capitales: _____ y _____

Otras ciudades importantes: _____ ,

_____ y _____

Lago navegable más alto del mundo: _____

Grupos indígenas más importantes: _____ y _____

_____.

Nombre que se le ha dado: _____

Ruinas milenarias: _____

Laboratory Activities

I. Para escuchar y contestar

Diálogo: ¿Qué síntomas tiene Adriana?

The dialogue will be read first without pauses. Pay close attention to the speakers' intonation and pronunciation.

La familia Vargas, de Villarrica, Paraguay, vive ahora en Asunción, en una casa de tipo colonial, con árboles frutales en el patio y un jardín enorme. Adriana, la hija menor, está en la sala, hablando por teléfono con una compañera de la universidad.

ADRIANA —¿Anabel? Habla Adriana. Hoy no quiero ir a la facultad, de modo que le voy a decir a mi mamá que no me siento bien. ¿Te gustaría venir a visitarme esta tarde? Podríamos mirar la tele y comer algo. Bueno... ¡te espero a eso de las cuatro! ¡Chau!

Adriana se acuesta en el sofá de la sala y llama a su mamá.

ADRIANA —Mamá... Tendré que quedarme en casa hoy. Creo que tengo catarro... o gripe... o pulmonía... Me duele la cabeza, me duele la garganta y ¡tengo fiebre! (*Tose.*)

DOÑA EVA —¡Tienes tos! Sería una buena idea llevarte al médico. El doctor Viñas está en su consultorio...

ADRIANA —No, no será necesario que me vea. Me quedaré en casa, tomaré dos aspirinas y mañana estaré perfectamente bien. ¡Ya verás!

DOÑA EVA —Bueno, mi hija, pero tendrás que acostarte y tomar una taza de té bien caliente, con miel de abeja. Voy a llamar al médico para que te recete algún antibiótico.

Más tarde suena el timbre. La criada abre la puerta.

CRIADA —Señora, aquí hay un joven que quiere hablar con la señorita Adriana.

DOÑA EVA —¡Ignacio! ¡Qué gusto de verte! De haber sabido que venías, habría preparado algo para merendar. ¿Un cafecito?

IGNACIO —No, gracias, señora. ¡No se moleste! Vine a preguntarle a Adriana si le gustaría ir a una fiesta en la embajada de Bolivia esta noche.

DOÑA EVA —¡Ay, qué lástima! Adriana está enferma. Tiene una temperatura de 39 grados, creo... Supongo que lo que tiene es contagioso... ¡Menos mal que hoy es viernes! Para el lunes ya se habrá curado y podrá volver a la universidad.

ADRIANA —¡No, mamá! Para esta noche ya habré tomado un montón de remedios, y me sentiré mejor...

IGNACIO —No, Adriana... podrías empeorarte. Necesitas descansar... Voy a llamar a Carolina, a ver si ella puede ir conmigo. ¡Ojalá que te mejores pronto!

Now the dialogue will be read with pauses for you to repeat what you hear. Imitate the speakers' intonation patterns.

Preguntas y respuestas

You will now hear questions about the dialogue. Answer each one, omitting the subject. The speaker will confirm your response. Repeat the correct response.

Situaciones

The speaker will present several situations based on the dialogue. Respond appropriately in Spanish to each situation. The speaker will confirm your response. Repeat the correct response. Follow the model.

MODELO: You tell a friend that you don't feel well.
           No me siento bien.

II. Pronunciación

Turn to Section II in your lab manual. When you hear the number, read the corresponding sentence aloud. Then listen to the speaker and repeat the sentence.

1. ¿Te gustaría venir a visitarme esta tarde?
2. Creo que tengo catarro o gripe.
3. Sería una buena idea llevarte al médico.
4. Voy a llamar al médico para que te recete algún antibiótico.
5. Tiene una temperatura de treinta y nueve grados.
6. Supongo que lo que tiene es contagioso.

III. ¡Vamos a practicar!

A. Answer each question in the affirmative, using the future tense. The speaker will confirm your response. Repeat the correct response. Follow the model.

MODELO: —¿Tú vas a ir a Asunción?
           —¿Sí, iré a Asunción.

B. You will hear some statements about what people are going to do. Using the cues provided, say what others would do. The speaker will confirm your response. Repeat the correct response. Follow the model.

MODELO: —Carlos va al hospital hoy. (yo / mañana)
           —Yo iría mañana.

1. nosotros / por la noche   6. nosotros / a las diez
2. ustedes / un libro   7. yo / el domingo
3. yo / en un restaurante   8. Nora / a las siete
4. ella / mañana   9. él / en su cuarto
5. tú / café   10. yo / más tarde

C. Respond to the following questions, using the cues provided and the future perfect tense. The speaker will confirm your response. Repeat the correct response. Follow the model.

> MODELO: —¿Qué habrá hecho Jorge para las ocho? (cenar)
> **—Para las ocho habrá cenado.**

1. (empezar a trabajar)
2. (levantarme)
3. (terminar el trabajo)
4. (hablar con el médico)
5. (ir al hospital)

D. Respond to each statement you hear, using the cue provided and the conditional perfect tense. The speaker will confirm your response. Repeat the correct response. Follow the model.

> MODELO: —Luis no entendió nada. (tú)
> **—Tú tampoco habrías entendido nada.**

1. (yo)
2. (tú)
3. (ella)
4. (ustedes)
5. (usted)
6. (nosotros)

IV. Ejercicios de comprensión

A. You will hear three statements about each picture. Circle the letter of the statement that corresponds to each picture. The speaker will verify your response.

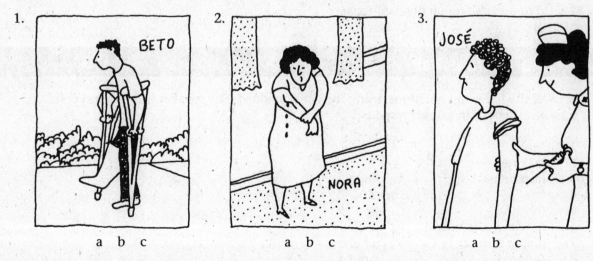

1. a b c   2. a b c   3. a b c

4. a b c   5. a b c

B. Before listening to the dialogues, study the comprehension questions. Reviewing the questions ahead of time will help you to remember key information as you listen.

1. ¿Qué hora era cuando Pablo llegó?
2. ¿Por qué no pudo venir más temprano?
3. ¿A qué hora se acostó Dora?
4. ¿Por qué se acostó tan temprano?
5. ¿Qué tomó?
6. ¿Cómo se siente ahora?
7. ¿Cuánto tiempo hace que la señora tiene dolor de estómago?
8. ¿Qué medicina toma cuando le duele mucho el estómago?
9. ¿Qué le va a dar el médico?
10. ¿Qué van a hacerle a la señora si no se siente mejor?
11. ¿Qué le pasó a Roberto?
12. ¿Lo atropelló un coche?
13. ¿Adónde lo llevaron?
14. ¿Le hicieron radiografías de la pierna?
15. ¿Qué se cortó Roberto?
16. ¿Por qué no le pusieron una inyección antitetánica?
17. ¿Por qué va a tomar dos aspirinas?

V. Para contestar

Answer the following questions, using the cues provided. The speaker will confirm your response. Repeat the correct response.

1. (no)
2. (al cine)
3. (aspirinas)
4. (sí)
5. (Nyquil)
6. (la semana próxima)
7. (Pepto Bismol)
8. (no)
9. (sí)
10. (sí)

VI. Para escuchar y escribir

Tome nota

Hoja Clínica

Nombre del paciente: _____

Síntomas: _____

_____

Medicinas que está tomando: _____

_____

Alergias: _____

_____

Radiografías de: _____

_____

Próxima visita: _____

_____

You will hear a conversation between a doctor and a patient. First listen carefully for general comprehension. Then, as you listen for a second time, fill in the information requested.

Dictado

The speaker will read six sentences. Each sentence will be read twice. After the first reading, write what you heard. After the second reading, check your work and fill in what you missed.

1. _____

2. _____

3. _____

4. _____

5. _____

6. _____

Lección **16**

Workbook Activities

A. Para completar Complete the following chart with the corresponding imperfect subjunctive forms.

Infinitive	yo	tú	Ud., él, ella	nosotros	Uds., ellos, ellas
1. ganar	ganara	ganaras	ganara	ganáramos	ganaran
2. acampar			acampara		acamparan
3. cerrar		cerraras		cerráramos	
4. volver			volviera		volvieran
5. pedir					pidieran
6. conseguir	consiguiera				
7. tener			tuviera		
8. poder				pudiéramos	
9. hacer		hicieras			hicieran
10. venir	viniera		viniera		
11. traer				trajéramos	
12. poner		pusieras			
13. decir	dijera				dijeran
14. ser		fueras		fuéramos	
15. dar			diera		
16. querer		quisieras			
17. saber			supiera		

B. ¿Qué te dijeron? Read these statements, which tell others what to do, express doubt, or express emotion. Change each statement to the past tense.

1. Quiero que tú vayas al estadio.

   Quería _____.

2. Prefiero que compres las entradas hoy.

   Prefería _____.

3. Te sugiero que llames a Rodolfo para que vaya contigo a acampar

   Te sugerí _____.

4. Dudo que nosotros podamos ir con Uds. a la playa.

   Dudaba _____.

5. Es necesario que traigan las raquetas.

   Era _____.

6. ¿Hay algún deporte que te guste?

   ¿Había _____?

7. No creo que haya nadie que pueda armar la tienda de campaña.

   No creí _____.

8. Necesitamos a alguien que sepa hacer un asado.

   Necesitábamos_____.

9. Siento que ella no tenga el traje de baño aquí.

   Sentí _____.

10. Te ruego que los llames y les digas que vengan a la cabaña.

    Te rogué _____.

11. Me alegro de que no estés aburrida.

    Me alegré _____.

12. Temo que Raúl no sea el campeón.

    Temía _____.

C. **¡Qué mandona (*bossy*)!** A very bossy aunt told everyone what to do and what no to do. Indicate this by writing sentences describing what she told everybody.

> MODELO: a Roberto / traer la caña de pescar
> **A Roberto le dijo que trajera la caña de pescar.**

1. a mí / no jugar al golf

   _____

2. a mi hermana / no ir a esquiar

   _____

3. a ti / hacer las camas

   _____

4. a nosotros / volver temprano

   _____

5. a Uds. / empezar a cocinar

   _____

6. a ella / no montar a caballo

   _____

7. a Ud. / servir el desayuno

   _____

8. a él / dejarla tranquila

   _____

D. Los chicos hablan These are exchanges heard at a gym. Complete them, using **a, de** or **en** as necessary.

1. —¿ _____ qué hora van _____ ir Uds. _____ pescar?

    —Nosotros no pescamos. Compramos el pescado _____ la pescadería.

2. —¿Cómo es tu prima?

    —Es rubia _____ ojos azules. Es la más bonita _____ la familia.

    —¿ _____ qué hora viene ella hoy?

    —Viene _____ la una _____ la tarde.

3. —¿Tú conoces _____ Elías?

    —Sí, él me va _____ enseñar _____ bucear.

4. —¿Cuándo vas a empezar _____ estudiar.

    —Cuando Rodolfo llegue _____ mi casa.

5. —¿Vas a Montevideo _____ avión?

    —No, _____ barco.

E. Ariel manda mensajes Ariel is busy sending three e-mails. Complete each one, using the present perfect subjunctive.

1. Luis:

    Espero que tú _____ (divertirse) en Punta del Este y que

    _____ (ganar) el partido de tenis. Mi hermano todavía está conmigo.

    Temo que _____ (aburrirse) como una ostra porque yo tengo mucho

    trabajo.

2. Georgina:

    Me alegro de que tú y tus hermanas _____ (ir) a Río. Espero que

    _____ (broncearse) en Ipanema y que _____ (tener) la

    oportunidad de hacer *surfing*.

3. Papá:

    No es verdad que Adolfo y yo _____ (pasar) todo el tiempo en el

    apartamento. Yo sé que mamá duda que yo lo _____ (llevar) a la playa, pero hemos

    ido tres veces.

F. Situaciones You find yourself in the following situations. What do you say?

1. You ask a friend if he would like to go to your parents' cabin with you. Add that it is at your disposal.

    _____

    _____

2. You had quite a weekend! Tell someone that you fell in the lake and you almost drowned.

    _____

    _____

3. You are talking about your friend Carlos. Tell someone that he is in love, and that the girl is beautiful and is not proud at all.

    _____

    _____

4. Ask your friend if he/she wants to be a lifeguard. Add that he/she can sunbathe and get a tan.

    _____

    _____

5. Tell someone about a fun weekend you had a while back. You went fishing, you went camping, and you had a picnic with your friends.

    _____

    _____

G. Crucigrama

Horizontal

3. Voy a tomar el sol para _____ .
6. Compré una _____ para jugar al tenis.
7. opuesto de **este**
9. Trabaja de _____ en la playa.
11. Necesito la _____ de mar.
12. ¿Dónde está tu _____ de baño?
15. Ellos van a _____ montañas.
16. Él practica el esquí _____ .
17. Hoy vamos al _____ para ver el partido de fútbol.
21. Compramos dos _____ para el partido de fútbol.
22. Paquito no sabe montar en _____ .
24. Me gustan las actividades al aire _____ .
25. opuesto de **perder**
26. Podemos usar el velero.
    Está a nuestra _____ .

Vertical

1. No me gusta _____ a caballo.
2. opuesto de **ciudad**
4. Vamos a Colorado para _____ .
5. Rosa va a ir a pescar. Necesita la caña de _____ .
8. Compré una _____ para ir a cazar.
10. opuesto de **divertirse**
13. Ellos no pudieron armar la tienda de _____ .
14. Tiene mucho, mucho dinero. Es _____ .
18. opuesto de **sur**
19. Tengo una canoa, pero no sé _____ .
20. Necesito mis _____ de golf.
23. Tiene cuatro años y ya asiste al jardín de _____ .

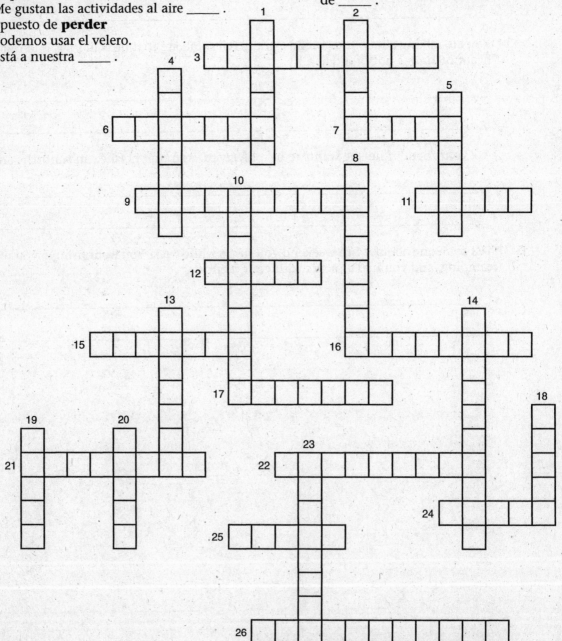

H. ¿Qué pasa aquí? Look at the illustration and answer the following questions.

1. ¿Cree Ud. que a estas personas les gustan las actividades al aire libre?

   _____

2. ¿Fernando quiere montar en bicicleta?

   _____

3. ¿Para qué va a necesitar Fernando una escopeta?

   _____

4. ¿Qué están planeando Darío y Ana? ¿Quieren ir al mismo (*same*) lugar?

   _____

5. ¿Qué no le gusta hacer a Ana?

   _____

6. ¿Qué prefiere hacer?

   _____

7. ¿Darío quiere ir a un hotel o prefiere acampar?

   _____

8. ¿Qué van a necesitar Ana y Darío si piensan acampar?

   _____

9. ¿Qué cree Ud. que le gusta a Jorge?

   _____

10. ¿Cree Ud. que Jorge se va a divertir o que se va a aburrir durante sus vacaciones?

   _____

11. ¿Ud. cree que Olga y Luis van a pasar sus vacaciones en Arizona o en Vermont?

   _____

12. ¿Olga y Luis van a ir a un hotel?

   _____

Panorama hispánico

Complete the following charts.

Uruguay
Capital: _____
Nombre oficial: _____
Población: _____
Base de la economía tradicional: _____ y _____
Bebida nacional: _____
Deporte nacional: _____
Famoso centro turístico: _____

Brasil

Capital: _____

Idioma oficial: _____

Países con los cuales no limita: _____ y _____

Principal producto agrícola: _____

Ciudades más importantes: _____ y _____

Celebración más famosa del mundo: _____

Playas famosas: _____ y _____

Otras atracciones turísticas: _____ , _____ ,

_____ y _____ .

Laboratory Activities

I. Para escuchar y contestar

Diálogos: Ramón no es muy atlético

The dialogues will be read first without pauses. Pay close attention to the speakers' intonation and pronunciation.

Ramón, Isabel, Néstor y Estrella son cuatro amigos inseparables que se conocen desde que estaban en el jardín de infantes en una escuelita de Montevideo. Hoy están en la casa de Isabel, charlando y tomando mate. Isabel y Estrella estaban leyendo la revista *TodoVida* cuando los muchachos llegaron y ahora les están contando algo sobre un artículo.

ISABEL —El artículo es sobre cómo viven los millonarios, especialmente cuando se van de vacaciones... a esquiar a Bariloche, a escalar montañas en Chile, a hacer *surfing* en Río de Janeiro...

RAMÓN —Yo traté de hacer *surfing* una vez... ¡Casi me ahogo!

ESTRELLA —¡Ay, Ramón! Y aquella vez que fuimos a patinar, ¡te caíste como diez veces!

NÉSTOR —¡Dejen tranquilo al pobre Ramón! ¿Quieren ver el partido de fútbol el domingo? Juega Peñarol.

ISABEL —¿En el estadio? ¿Podemos conseguir entradas?

NÉSTOR —No, en mi casa. Mis padres invitaron a unos amigos de ellos a un asado, y van a estar en el patio. ¡Tenemos el televisor a nuestra disposición!

RAMÓN —¡Y asado! ¿Y le pediste a tu mamá que hiciera empanadas?

ESTRELLA —Bueno, si vamos a comer asado y empanadas, Isabel y yo aceptamos... ¡Si ustedes van a misa con nosotras!

ISABEL —(*Mira la revista.*) Aquí hay otro artículo sobre Fernando Peñarreal, el campeón de tenis... ¡Es divino! Y no hay nadie que haya viajado tanto como él... ¡ni ganado tantos partidos!

ESTRELLA —Todas las chicas están enamoradas de él. ¡Y dicen que no es nada orgulloso! Los fines de semana le gusta ir a acampar con sus amigos... ¡Y sabe armar su propia tienda de campaña!

RAMÓN —Yo tengo una tienda de campaña, pero es de plástico...

NÉSTOR —¡Tengo una idea! ¿Por qué no vamos a pescar...?

RAMÓN —¿¡Estás loco!? ¡Yo trabajo en una pescadería! Y mi papá me dijo que comprara pescado para la cena de esta noche...

ISABEL —Además, ¡Estrella y yo nos aburriríamos como ostras! ¿Por qué no hacemos un picnic en Pocitos mañana? Podemos nadar un poco... broncearnos... jugar al vólibol... ¡es más divertido!

RAMÓN —¡Exactamente! Y, lo que es más importante, ¡es gratis!

NÉSTOR —(*Bromeando*) ¡Y yo te puedo enseñar a hacer *surfing*...!

RAMÓN —No, gracias... ¡Dame otro mate!

Now the dialogues will be read with pauses for you to repeat what you hear. Imitate the speakers' intonation and pronunciation.

Preguntas y respuestas

You will now hear questions about the dialogue. Answer each one, omitting the subject. The speaker will confirm your response. Repeat the correct response.

Situaciones

The speaker will present several situations based on the dialogue. Respond appropriately in Spanish to each situation. The speaker will confirm your response. Repeat the correct response. Follow the model.

MODELO: You ask a friend what his father told him to do.
¿Qué te dijo tu padre que hicieras?

II. Pronunciación

When you hear the number, read the corresponding sentence aloud. Then listen to the speaker and repeat the sentence.

1.   Son cuatro amigos inseparables.
2.   Te caíste como diez veces.
3.   Tenemos el televisor a nuestra disposición.
4.   No hay nadie que haya viajado tanto como él.
5.   Podemos nadar y broncearnos.
6.   Nos aburriríamos como ostras.

III. ¡Vamos a practicar!

A. Change each statement you hear so that it describes the past, using the cue provided. The speaker will confirm your response. Repeat the correct response. Follow the model.

MODELO: Yo quiero que tú vuelvas. (yo quería)
Yo quería que tú volvieras.

1.   (no creía)   6.   (dudaba)
2.   (nos dijeron)   7.   (esperábamos)
3.   (no me gustaba)   8.   (no había nadie)
4.   (me alegré)   9.   (necesitaba)
5.   (te sugerí)   10. (buscábamos)

B. Answer the following questions, using the cues provided. Pay special attention to the use of prepositions. The speaker will confirm your response. Repeat the correct response. Follow the model.

> MODELO: —¿A qué hora vienen? (a las cinco de la tarde)
> **—Vienen a las cinco de la tarde.**

1. (no, avión)
2. (mañana)
3. (sí, de ojos verdes)
4. (el lunes)
5. (bucear)
6. (el sábado)
7. (el campo de golf)
8. (deportes)

C. Negate each sentence you hear, using the expression **No es verdad** and the present perfect subjunctive. The speaker will confirm your response. Repeat the correct response. Follow the model.

> MODELO: Ana ha perdido la raqueta.
> **No es verdad que Ana haya perdido la raqueta.**

IV. Ejercicios de comprensión

A. You will hear three statements about each picture. Circle the letter of the statement that best corresponds to the picture. The speaker will verify your response.

1.

a b c

2.

a b c

3.

a   b   c

4.

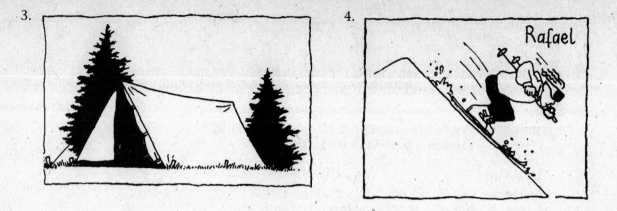

Rafael

a   b   c

5.

Raúl

a   b   c

B. Before listening to the following dialogues in this section, study the comprehension questions below. Reviewing the questions ahead of time will help you to remember key information as you listen.

1.   ¿Qué va a hacer Ernesto este fin de semana?
2.   ¿Por qué no necesita la caña de pescar de Tito?
3.   ¿Por qué no puede ir Tito con Ernesto?
4.   ¿Adónde van a ir después?
5.   ¿Sara y Beatriz son buenas amigas?
6.   ¿Dónde se conocieron?
7.   ¿Sara va a ir con ellos al campo?
8.   ¿Por qué no puede Sara ir con ellos?
9.   ¿Qué cree Beatriz?
10.   ¿Qué dice Gustavo de Sara?

V. Para contestar

Answer the questions you hear, using the cues provided. The speaker will confirm your answers. Repeat the correct answers.

1. (acampar y escalar montañas)
2. (una vez)
3. (cabaña)
4. (no)
5. (comprar las entradas)
6. (pescar)
7. (no)
8. (un partido de fútbol)
9. (sí)
10. (no)

VI. Para escuchar y escribir

Tome nota

You will hear three friends talking about their plans for the weekend. First listen carefully for general comprehension. Then, as you listen for a second time, fill in the information requested.

Persona	Actividad	Lugar	Lo que necesita
Antonio:	_____	_____	1. _____
	_____		2. _____
Miguel:	_____	_____	_____
Marisol:	_____	_____	_____

Dictado

The speaker will read six sentences. Each sentence will be read twice. After the first reading, write what you heard. After the second reading, check your work and fill in what you missed.

1. _____
2. _____
3. _____
4. _____
5. _____
6. _____

Hasta ahora... Una prueba

Let's combine the structure and the vocabulary from lessons 15 and 16. How much can you remember?

A. Complete the following exchanges, using the future tense or the conditional tense of the verbs given.

1. —¿Qué _____ (hacer) Uds. este fin de semana?

   — _____ (ir) a acampar, _____ (pescar) y _____ (hacer) un

   picnic en el campo. ¿Y Uds.?

   —El sábado, nosotros _____ (comprar) las entradas para el partido de fútbol y por la

   noche _____ (salir) con Teresa y Carlos.

   —¿Y el domingo?

   — _____ (ir) a la playa, _____ (hacer) *surfing* y _____ (tomar) el

   sol. No _____ (poder) quedarnos mucho tiempo porque por la tarde

   _____ (tener) que estar temprano en el estadio para ver el juego de fútbol.

2. —¿A qué hora te dijo Ignacio que _____ (venir) hoy?

   —Me dijo que no _____ (poder) estar aquí antes de las nueve.

3. —¿Qué te dijeron los chicos?

   —Me dijeron que hoy _____ (salir) con sus amigos y que _____ (volver)

   tarde.

4. —Yo siempre juego al tenis los domingos.

   —Yo no _____ (jugar) al tenis. _____ (Ir) a la playa y _____

   (usar) mi tabla de mar.

B. Complete the following exchanges, using the Spanish equivalent of the words in parentheses.

1. —¿A qué hora _____? (*will you have finished*)

   —A las siete, y a las ocho ya _____ a casa. (*will have returned*)

2. —¿Llevaste a Mario al hospital?

   —Sí, lo llevé en mi coche.

   —Yo _____ una ambulancia. (*would have called*)

3. —Anoche salí con Ernesto. Fuimos al cine.

—_____ con Raúl, y _____ a

bailar. (*I would have gone out / we would have gone*)

4. —Mis padres no vieron _____ en la fiesta. (*your Mom*)

—Ella no fue a la fiesta. Se quedó _____ . (*at home*)

5. —¿Cómo es la novia de Jaime?

—Es morena, _____ y es la más simpática

_____ (*with green eyes / in her family*)

6. —¿Silvia ya está _____ ? (*at the hotel*)

—Sí, llegó _____ (*at three in the afternoon*)

—¿Vino _____ ? (*by plane*)

—Sí.

7. —Siento mucho que Miguel _____ venir a la fiesta. (*has not
been able*)

—¡Sí, es una lástima que _____ toda la semana. (*he has been
sick*)

C. Arrange the following vocabulary in groups of three, according to categories.

miel de abeja	sur	catarro	fiebre	enyesar	empeorarse
tienda de campaña	tos	acampar	canoa	tobillo	accidente
emergencia	cara	bucear	armar	médico	consultorio
tomar el sol	lago	toser	oeste	resfrío	curarse
temperatura	boca	playa	pierna	quebrarse	mejorarse
hacer *surfing*	ojos	norte	vólibol	resfriado	fútbol
broncearse	pie	recetar	nadar	estadio	romperse
ambulancia	remar	grado			

1. _____ _____ _____

2. _____ _____ _____

3. _____ _____ _____

4. _____ _____ _____

5. _____ _____ _____

6. _____ _____ _____

7. _____ _____ _____

8. _____   _____   _____

9. _____   _____   _____

10. _____   _____   _____

11. _____   _____   _____

12. _____   _____   _____

13. _____   _____   _____

14. _____   _____   _____

15. _____   _____   _____

Un paso más

A. Read the ad below, and then answer the questions that follow.

1. ¿Cómo se llama la Clínica y dónde está situada (*located*)?

   _____

2. ¿En qué enfermedades (*sicknesses*) tiene la clínica médicos especializados?

   _____

3. Mi esposa está embarazada; ¿puede ir a ver a algún médico en la clínica?, ¿a cuál?

   _____

4. Si me fracturo (*brake*) una pierna, ¿puedo ir a La Benéfica o no? ¿Por qué?

   _____

5. ¿Puedo ir al consultorio de un médico el sábado? ¿Por qué?

   _____

6. ¿ Puedo hacerme radiografías o análisis en la clínica? ¿Por qué?

   _____

7. ¿ Por qué puedo comprar medicinas en la clínica?

   _____

8. Si tengo un accidente, ¿puedo ir a la clínica? ¿Por qué?

   _____

9. ¿Cómo pueden transportarme a la clínica en caso de accidente?

   _____

10. Mi seguro (*insurance*) es de accidentes de trabajo. ¿Lo aceptan en la clínica? ¿Cómo lo sabe Ud.?

    _____

11. Si necesito el cuidado (*care*) de una enfermera (*nurse*) en mi casa, ¿puedo conseguirlo a través de la clínica?

    _____

12. Si necesito estacionar mi coche en la clínica, ¿voy a tener problemas?

    _____

B. You are trying to convince a friend who doesn't like outdoor activities to go camping with you. Tell him about all the activities that you can do during the weekend and what a wonderful time you are going to have. Be very convincing.

Workbook Activities

A. Para completar Complete the chart, paying particular attention to the use of the pluperfect subjunctive.

English	Verbs that require the subjunctive	que	Subject of subordinate clause	Imperfect subjunctive of **haber**	Past participle
1. I didn't think that they had come.	**No creía**	**que**	**ellos**	**hubieran**	**venido.**
2. She was sorry that you had gone.	Sentía		tú		
3. We were hoping that you had finished.	Esperábamos		Uds.		
4. He doubted that she had died.					muerto.
5. You were afraid that she had returned.				hubiera	
6. They denied that she had done it.	Negaron				
7. I didn't think that you had gone out.			tú		
8. We were sorry that you had left.			Uds.		
9. I hoped that she had learned.					
10. I didn't think that Rose had gone to Madrid.	No creía				
11. I was glad that the car had started.	Me alegré de				
12. You didn't think that we had said that.					

B. Reacciones How did everybody react to what happened? Complete the following statements, using the pluperfect subjunctive.

1. Ellos me ofrecieron el puesto.

    Yo me alegré de que _____

2. La jefa de personal no me entrevistó.

    Mi padre sintió que _____

3. Nosotros tuvimos que darle un aumento de sueldo.

    Ellos no creían que _____

4. Ella terminó la entrevista.

    Yo dudaba que _____

5. Tú gastaste una fortuna en equipos electrónicos.

    Fue una lástima que _____

6. Ustedes desempeñaron varios puestos.

    Tú dijiste que no era verdad que _____

7. Los empleados no estuvieron de acuerdo con el supervisor.

    Me sorprendió que _____

8. El Sr. Barrios estaba encargado de la sección de compras.

    Mi jefa se alegró de que _____

C. Según las circunstancias Look at the illustrations and write what the people shown would do if circumstances were different. Follow the model.

MODELO: Yo no tengo dinero.
Si tuviera dinero, viajaría.

1. Roberto no tiene tiempo.

    Si _____

2. Elsa no está de vacaciones.

   Si _____.

3. Ellos no tienen hambre.

   Si _____.

4. Tú tienes que trabajar.

   Si no _____.

5. Uds. no van a la fiesta.

   Si _____.

6. Hoy es sábado.

   Si no _____.

D. Si... Look at the illustrations and write what the people shown will do if circumstances permit it. Follow the model.

MODELO: No sé si tendré dinero o no.
Si tengo dinero, viajaré.

1. Yolanda y yo no sabemos si el coche está descompuesto o no.

   Si _____.

2. No sé si ellas quieren hamburguesas o no.

   Si _____.

3. No sé si Laura está enferma o no.

   Si _____.

4. No sé si tú tienes el periódico o no.

   Si _____.

5. No saben si el autobús pasa por aquí o no.

   Si _____.

E. Repaso Review the uses of the subjunctive. Complete the following sentences with the subjunctive if there is a change of subject or with the infinitive if there is no change of subject.

1.   Quiero _____ (solicitar) el trabajo en esa compañía.

     Quiero que tú _____ (solicitar) el trabajo en esa compañía.

2.   ¿Deseas _____ (comprar) una impresora?

     ¿Deseas que yo _____ (comprar) una impresora?

3.   Ellos prefieren que nosotros _____ (escribir) a máquina.

     Ellos prefieren _____ (escribir) a máquina.

4.   Necesito _____ (conseguir) unos disquetes.

     Necesito que ellos me _____ (conseguir) unos disquetes.

5.   Me alegro de que ustedes _____ (estar) aquí.

     Me alegro de _____ (estar) aquí.

6.   Temo no _____ (llegar) temprano a la oficina.

     Temo que nosotros no _____ (llegar) temprano a la oficina.

7.   Espero _____ (hacer) el trabajo mañana mismo.

     Espero que él _____ (hacer) el trabajo mañana mismo.

8.   Siento que tú _____ (tener) que servir de intérprete.

     Siento _____ (tener) que servir de intérprete.

In the following sentences, use the subjunctive to refer to someone or something that is indefinite, unspecified, or nonexistent; use the indicative when referring to a specific person or thing.

9.   Necesito un empleado que _____ (saber) inglés y francés.

     Tengo un empleado que _____ (saber) inglés y francés.

10. Hay dos candidatos que _____ (tener) experiencia.

     No hay ningún candidato que _____ (tener) experiencia.

11. Quiero un empleado que _____ (poder) hacer ese trabajo.

     Tenemos un empleado que _____ (poder) hacer ese trabajo.

12. ¿Conoces a alguien que _____ (ser) traductor?

     He conocido a un muchacho que _____ (ser) traductor.

Use the subjunctive in the sentences that refer to future action and the indicative in those that do not.

13. Voy a ayudarte hasta que (tú) _____ (terminar) el trabajo.

    Siempre te ayudo hasta que (tú) _____ (terminar) el trabajo.

14. Siempre pongo un anuncio cuando _____ (necesitar) un empleado.

    Pondré un anuncio cuando _____ (necesitar) un empleado.

15. Haré las traducciones cuando _____ (tener) tiempo.

    Siempre hago las traducciones cuando _____ (tener) tiempo.

16. Se lo diré en cuanto ellos _____ (llegar).

    Generalmente se lo digo en cuanto ellos _____ (llegar).

Complete each sentence with the subjunctive after verbs and expressions of doubt, uncertainty, or disbelief; use the indicative to indicate belief or certainty.

17. Dudo que ellos _____ (querer) trabajar en esta compañía.

    No dudo que ellos _____ (querer) trabajar en esta compañía.

18. Es probable que nosotros _____ (salir) el sábado.

    Es seguro que nosotros _____ (salir) el sábado.

19. Creo que los compradores _____ (venir) a las ocho.

    No creo que los compradores _____ (venir) a las ocho.

In the following sentences, use the subjunctive when the main clause denies what the subordinate clause expresses, and use the indicative when it does not.

20. No es verdad que el gerente me _____ (haber dicho) eso.

    Es verdad que el gerente me _____ (haber dicho) eso.

21. Niego que nosotros _____ (haber hecho) eso.

    No niego que nosotros _____ (haber hecho) eso.

F. Situaciones You find yourself in the following situations. What do you say?

1. You are interviewing a candidate for a position in your company. Tell him you want him to talk to you about his experience in the business world.

   _____

2. You indicate that you need someone to be in charge of the selection and purchase of electronic equipment.

   _____

   _____

3. You tell someone that your father suggested that you ask for a raise.

   _____

   _____

4. You admit to someone that, if they had paid you a good salary at the company where you worked, you would have continued to work there.

   _____

   _____

5. You have been interviewed for a job. Tell the interviewer that you hope he'll let you know about his decision.

   _____

   _____

6. Tell a friend that, if he calls you and you are not home, he can leave you a message on the answering machine.

   _____

   _____

G. Crucigrama

Horizontal

2. persona que asiste
3. Es agente de bienes _____.
6. opuesto de **primero**
8. Usa un _____ de textos.
10. Es agente de _____ públicas.
12. seguir
13. cartas
16. acto de supervisar
18. Quiero un _____ de sueldo.
19. Es contador _____.
21. oficina
22. ¿Sabe escribir a _____?
23. Necesitamos un nuevo equipo _____.
24. opuesto de **vendedor**

Vertical

1. Trabaja para **Prudential.** Es agente de _____.
4. sueldo
5. Es empleado _____. Trabaja para el Banco Central.
7. Te dejé un mensaje en la máquina _____.
9. acción de evaluar
11. *laptop computer,* en español

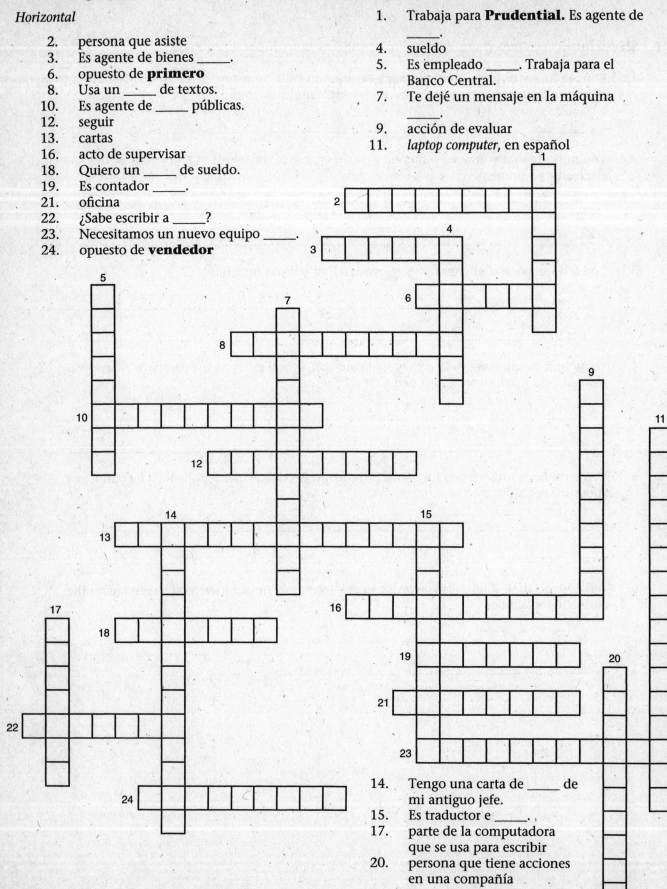

14. Tengo una carta de _____ de mi antiguo jefe.
15. Es traductor e _____.
17. parte de la computadora que se usa para escribir
20. persona que tiene acciones en una compañía

H. ¿Qué pasa aquí...? Look at the illustrations and answer the following questions.

A. 1.   ¿Qué puesto tiene la Sra. Lara?

_____

2.   ¿Para qué compañía trabaja?

_____

3.   ¿Quedó muy impresionada con el
      resumé de la Srta. Paz?

_____

4.   ¿Qué puede hacer la Srta. Paz para la
      compañía?

_____

5.   ¿La Sra. Lara ha decidido darle el puesto
      a la Srta. Paz?

_____

B. 1.   ¿Qué tiene el Sr. Rojas en su escritorio?

_____

2.   ¿Qué está escuchando el Sr. Rojas?

_____

3.   ¿Qué está haciendo Mirta?

_____

4.   ¿Usted cree que Mirta es la asistente del
      Sr. Rojas?

_____

5.   ¿Qué tendrá que escribir Mirta más
      tarde?

_____

6.   ¿Hasta qué hora estará Mirta en la
      oficina?

_____

Para leer

El mensaje de Luis: ¡Me dieron el puesto!

Queridos padres:

¡Tengo magníficas noticias! La semana pasada me entrevistaron para el puesto de supervisor del Departamento de Compras de una compañía de importaciones. Yo le hablé a la jefa de personal de toda mi experiencia y ella leyó las cartas de recomendación de mis antiguos jefes. Por lo visto° quedó muy impresionada y ayer por la tarde me llamó para decirme que el puesto era mío.

Apparently

Como ustedes saben, me gustaba mucho mi trabajo en la otra compañía y, si me hubieran dado el aumento que les pedí, me habría quedado allí.

En fin, comienzo a trabajar la semana próxima. Ya lo vamos a celebrar cuando vaya a Barcelona.

Un abrazo,
Luis

¡Conteste!

1. ¿Cuándo entrevistaron a Luis para el puesto?

   _____

2. ¿Para qué puesto lo entrevistaron?

   _____

3. ¿De qué le habló Luis a la jefa de personal?

   _____

4. ¿Qué leyó la jefa de personal?

   _____

5. ¿Cómo cree Luis que quedó la jefa de personal con las cartas de recomendación?

   _____

6. ¿Cuándo llamó la jefa de personal a Luis? ¿Para qué?

   _____

7. ¿Qué le gustaba mucho a Luis?

   _____

8. ¿Qué habría hecho él si le hubieran dado el aumento que les pidió?

   _____

9. ¿Cuándo comienza a trabajar Luis?

_____

10. ¿Qué van a hacer cuando él vaya a Barcelona?

_____

Panorama hispánico

Complete the following chart.

España

Capital: _____

Países que forman la Península Ibérica: _____ y _____

Extensión total: _____

Civilizaciones que tuvieron influencia en España: _____ , _____ y

_____ .

Montañas que separan a España de Francia: _____

Número de turistas que visitan España anualmente: _____

Sistema de gobierno: _____

Moneda: _____

Famoso museo de España: _____

Pintores famosos: _____ , _____ ,

_____ y _____

Laboratory Activities

I. Para escuchar y contestar

Diálogo: Dos entrevistas

The dialogue will be read first without pauses. Pay close attention to the speakers' intonation and pronunciation.

La Sra. Vigo Acosta, jefa de personal de una compañía de importaciones en Madrid, está en su oficina, lista para entrevistar a dos candidatos para el puesto de supervisor del Departamento de Compras.

La primera entrevista es con Luis Menéndez Cancio, contador público especializado en mercadeo.

SRA. VIGO —Quiero que me hable de su experiencia en el mundo de los negocios, sobre todo en el puesto que desempeñaba en la compañía Telelux.

LUIS —Muy bien. Yo era segundo jefe de compras de la compañía. Estaba encargado de la selección, evaluación y compra de los equipos electrónicos que vende la compañía: computadoras, impresoras, videograbadoras, fotocopiadoras, sistemas de comunicación telefónica, etc. Tenía seis empleados que trabajaban bajo mi supervisión.

SRA. VIGO —¡Mucha responsabilidad para un hombre tan joven como usted! ¿Y por qué dejó ese puesto, Sr. Menéndez?

LUIS —Porque pedí un aumento y no me lo dieron, a pesar de que, además de mi trabajo, servía de traductor de toda la correspondencia en inglés y, a veces, servía de intérprete.

SRA. VIGO —Entonces, ¿Ud. pensaba que el sueldo que le pagaban no compensaba todo su trabajo?

LUIS —Exactamente. Si me hubieran dado el aumento, habría continuado trabajando allí.

SRA. VIGO —Si le ofreciéramos el puesto, ¿cuándo podría empezar a trabajar?

LUIS —La semana próxima.

SRA. VIGO —Perfecto. Si hoy termino las entrevistas, espero poder avisarle sobre mi decisión mañana mismo.

La segunda entrevista es con Pablo Casas Ariet, que acaba de graduarse y tiene un título de filosofía.

SRA. VIGO —Espero que tenga conocimiento de ordenadores, Sr. Casas.

PABLO —No... Sé escribir a maquina... con dos dedos...

SRA. VIGO —¿No sabe usar un procesador de textos?

PABLO —No... pero creo que puedo mandar un fax...

SRA. VIGO —Gracias, Sr. Casas. En cuanto terminemos las entrevistas, le avisaremos.

PABLO —Bueno. ¡Ah! Si me llama y no estoy en casa, puede dejarme un mensaje en la máquina contestadora. A veces voy a visitar a mi tío, el señor José Ariet...

Pablo sale de la oficina. Elena, la secretaria de la Sra. Vigo, entra con unas carpetas que va a archivar.

ELENA   —¿Le va a dar el puesto al Sr. Menéndez? Leí su resumé y las cartas de recomendación de sus antiguos jefes. ¡Quedé muy impresionada!

SRA. VIGO   —¡Yo también! Voy a hablar con el Sr. Valdivia, que es el que tiene la última palabra. Si él está de acuerdo conmigo, le ofrecemos el puesto.

ELENA   —¿Y el Sr. Casas? Si hubiera estudiado administración de empresas en vez de filosofía... quizá...

SRA. VIGO   —Le vamos a ofrecer un puesto... el de asistente del Sr. Menéndez.

ELENA   —Porque parece muy inteligente y encantador... y puede aprender muy rápido, ¿verdad?

SRA. VIGO   —No... porque su tío es uno de los principales accionistas de la compañía...

Now the dialogue will be read with pauses for you to repeat what you hear. Imitate the speakers' intonation patterns.

Preguntas y respuestas

You will now hear questions about the dialogue. Answer each one, omitting the subject. The speaker will confirm your response. Repeat the correct response.

Situaciones

The speaker will present several situations based on the dialogue. Respond appropriately in Spanish to each situation. The speaker will confirm your response. Repeat the correct response. Follow the model.

MODELO: —You tell someone that you work under Mr. Vega's supervision.
—Trabajo bajo la supervisión del Sr. Vega.

II. Pronunciación

When you hear the number, read the corresponding sentence aloud. Then listen to the speaker and repeat the sentence.

1. Es la jefa de personal de una compañía de importaciones.
2. Es contador público, especializado en mercadeo.
3. Estaba encargado de la selección de los equipos electrónicos.
4. Vendíamos sistemas de comunicación telefónica.
5. Mucha responsabilidad para un hombre tan joven.
6. Servía de traductor de toda la correspondencia en inglés.

III. Vamos a practicar!

A. Change each statement you hear, using the cue provided and the pluperfect subjunctive. The speaker will confirm your response. Repeat the correct response. Follow the model.

> MODELO: Teresa había hablado con el supervisor. (yo esperaba)
> **Yo esperaba que Teresa hubiera hablado con el supervisor.**

1. (no era verdad)
2. (yo temía)
3. (no era verdad)
4. (ellos temían)
5. (yo esperaba)
6. (no era verdad)
7. (ellos no creían)
8. (yo dudaba)

B. Respond to each question by saying what you would do if things were different, using the cue provided and the imperfect subjunctive. The speaker will confirm your response. Repeat the correct response. Follow the model.

> MODELO: —¿Por qué no compras esa computadora? (ser más barata)
> **—La compraría si fuera más barata.**

1. (poder)
2. (tener dinero)
3. (tener tiempo)
4. (estar aquí)
5. (gustarme)
6. (ser más temprano)

C. You will hear a series of statements about things that *would* have happened. Complete each one by adding an *if clause*, using the cue provided. The speaker will confirm your response. Repeat the correct response. Follow the model.

> MODELO: Yo habría venido. (tener tiempo)
> **Yo habría venido si hubiera tenido tiempo.**

1. (poder)
2. (tú ayudarme)
3. (ser necesario)
4. (ella dársela)
5. (nosotros llamarte)

D. The speaker will ask you some questions. Answer them, using the cues provided. The speaker will confirm your response. Repeat the correct response. Follow the model.

> MODELO: —¿Qué necesitas que yo haga? (archivar las cartas)
> **—Necesito que archives las cartas.**

1. (Madrid)
2. (Barcelona)
3. (ir a la entrevista)
4. (cobrar mucho)
5. (sí)

6. (no)
7. (sí / un señor)
8. (llamar a Eva)
9. (traer los documentos)
10. (no)

IV. Ejercicios de comprensión

A. You will hear three statements about each picture. Circle the letter of the statement that corresponds to each picture. The speaker will verify your response.

1.

a b c

2.

a b c

3.

a b c

4. & 5.

a b c   a b c

B. Before listening to the dialogues in this section, study the comprehension questions. Reviewing the questions ahead of time will help you to remember key information as you listen.

1. ¿Qué quiere Raúl que haga Delia?
2. ¿Qué le contesta Delia?

3. ¿Lo haría si pudiera?
4. ¿A quién le va a pedir Raúl que escriba las cartas?
5. ¿Mandó Ricardo su resumé?
6. ¿Qué decidió Ricardo?
7. ¿Qué dice Ricardo del sueldo que pagan?
8. ¿Qué habría hecho Olga si hubiera sabido que Ricardo no quería el trabajo?
9. ¿Cuántos candidatos hay para el puesto?
10. ¿Qué no ha hecho todavía la Sra. Silva?
11. ¿Quién tiene más experiencia en el mundo de los negocios?
12. ¿Quién tiene la última palabra?

V. Para contestar

Answer the following questions, using the cues provided. The speaker will confirm your response. Repeat the correct response.

1.	(no)	6.	(usar una computadora)
2.	(sí)	7.	(el ratón)
3.	(no)	8.	(un agente de bienes raíces)
4.	(mañana mismo)	9.	(Roberto Fuentes)
5.	(a mi antiguo jefe)	10.	(no, nadie)

VI. Para escuchar y escribir

Tome nota

You will hear a conversation in which Mr. Cano interviews Miss Eva Lara for a position in his company. First listen carefully for general comprehension. Then, as you listen for a second time, fill in the information requested.

Entrevista

Nombre de la candidata: _____

Título: _____

Compañía anterior: _____

Antigua jefa: _____

Años de experiencia: _____

Sueldo que ganaba: _____

Fecha en que puede empezar a trabajar: _____

The speaker will read six sentences. Each sentence will be read twice. After the first reading, write what you heard. After the second reading, check your work and fill in what you missed.

1. _____

2. _____

3. _____

4. _____

5. _____

6. _____

Workbook Activities

A. **¿Qué has dicho?** At a party, these exchanges are heard among the guests. Complete them, using the correct prepositions.

1. —¿Jaime te invitó _____ cenar?

    —Sí, y después fuimos _____ visitar _____ su padrino. ¿Tú te

    acuerdas _____ él?

    —Sí, es encantador. Me alegro _____ que hayan ido

    _____ verlo.

    —Bueno, Jaime insistió _____ que fuéramos.

2. —Fíjate _____ el vestido de Lola. ¡Es ridículo!

    —¡Ay, sí! ¿ _____ qué estaba pensando cuando lo compró?

    —No sé... Ella sueña _____ ser actriz de cine, y quiere parecer sexy...

3. —¿Cuándo te casas _____ Antonio?

    —El dos de junio. ¿Vas _____ asistir _____ la boda?

    —Naturalmente. Ah, ¿ya sabes que Mirta se comprometió _____ Raúl?

    —Sí, me lo han dicho.

B. Preguntas y respuestas Match the questions in column **A** with the corresponding answers in column **B**.

A

1. ¿Dónde hay un hotel?

2. ¿Pudiste ir al estreno?

3. ¿A Beto le gusta la banda sonora de esa película?

4. ¿Terminaron de ensayar?

5. ¿Dónde tienen los festivales de cine?

6. ¿Vas a estudiar el libreto?

7. Estás loquita por él, ¿verdad?

8. No tiene experiencia, ¿lo van a contratar?

9. ¿La película tuvo éxito?

10. ¿Te gusta Sevilla?

11. ¿El director se enojó?

12. ¿Para qué compraste ese vestido?

B

a. Sí, por fin.

b. Sí, y por suerte él también me quiere.

c. Por lo general, en Cannes.

d. No, y para peor costó una fortuna.

e. Por supuesto que no.

f. Sí, por eso se la compré.

g. Sí, sin qué ni para qué.

h. Hay uno por aquí cerca.

i. Sí, quiero quedarme aquí para siempre.

j. Para ir a la boda.

k. No, por desgracia no tuve tiempo.

l. Sí, por si acaso me dan el papel.

C. Berta se queja Berta complains about everything. Complete her statements, using the Spanish equivalent of the idiomatic expressions given.

1. Yo le hice un gran favor a Paco y no me _____. (*thanked*)

2. Te dije que vinieras a las cuatro _____ y no viniste. (*at the latest*)

3. Se fue _____, sin decir nada. (*suddenly*)

4. _____ cuando la gente no es puntual. (*It makes me mad*)

5. Olga no vino a buscarme; _____. (*she stood me up*)

6. No me gusta el vestido que Carmen _____. (*has on*)

7. Ella dice que yo no soy eficiente, pero _____ lo que ella piense. (*I don't care*)

8. _____ las películas tienen mucha violencia. (*Nowadays*)

9. Tú nunca haces lo que yo te digo; _____ vas a tener problemas. (*sooner or later*)

10. Celia es irresponsable. Ella dice que me va a ayudar, pero yo _____ porque la conozco. (*don't fool myself*)

D. Situaciones You find yourself in the following situations. What do you say?

1. You tell Paquito's parents that he insisted on watching cartoons.

   _____

2. Tell a friend that (they) are going to show (for the first time) a thriller and ask her if she wants to go to the movies with you.

   _____

   _____

3. Indicate that you want to be in charge of casting and that you dream of being a movie director some day.

   _____

   _____

4. You ask a friend whether he prefers science fiction movies, war movies, or mystery movies.

   _____

   _____

5. You complain about your brother. Say that it makes you mad when he makes fun of you and pulls your leg.

   _____

   _____

6. Someone tells you that people are waiting for you. Tell him / her to let them wait.

   _____

   _____

E. Crucigrama

Horizontal

2. Jennifer López es una famosa ____.
4. obra de teatro; obra ____
6. Antonio Banderas, por ejemplo ____
7. Los ____ de cine de Cannes son muy famosos.
10. Él quiere seguir los ____ de su padre.
14. Asiste a la ____ secundaria.
15. John Wayne hizo muchas películas del ____.
18. el mes que viene: el mes ____
19. persona que dirige una película
21. Nunca veo películas de ____ ficción.
23. persona que toca un instrumento musical
24. Estados Unidos tuvo una ____ con Irak.
25. No faltó nadie. Vino todo el ____.
26. Amelia siempre me toma el ____.

11. Dora compró la banda ____ de la película.
12. pertenecer: yo ____
13. mujer que baila
16. Hoy ponen la película por primera vez. Hoy es el ____.
17. No quiero ____ la entrevista.
20. No sé la fecha. ¿A ____ estamos hoy?
22. Walt Disney hizo muchos dibujos ____.
27. La película no le gustó a nadie. No tuvo ____.

Vertical

1. Nora tiene el papel principal. Es la ____.

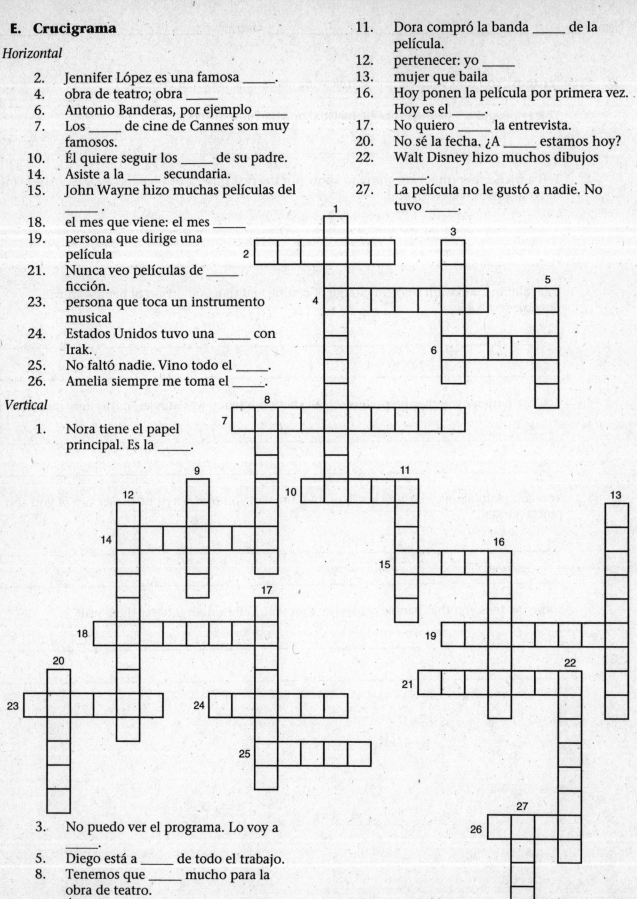

3. No puedo ver el programa. Lo voy a ____.
5. Diego está a ____ de todo el trabajo.
8. Tenemos que ____ mucho para la obra de teatro.
9. Ése es un ____ musical muy famoso.

F. ¿Qué pasa aquí? Look at the illustrations and answer the following questions.

A. 1. ¿Qué quiere ser Juan?

_____

2. ¿Los pasos de quién quiere seguir?

_____

3. ¿Qué tipo de película quiere ver Tito?

_____

4. ¿Ada sueña con ser actriz?

_____

5. ¿Qué le gustaría ser?

_____

B. 1. ¿Qué lleva puesto Margo?

_____

2. ¿Adónde piensa viajar?

_____

3. ¿Va a ir a fines o a principios de mes?

_____

4. ¿Margo se alegra de ir a Sevilla o no?

_____

5. ¿Rafael quiere que su novia llegue a las seis menos veinticinco o a las cinco y treinta a más tardar?

_____

6. ¿Qué le da rabia a Rafael?

_____

Panorama hispánico

Complete the following chart.

Más sobre España

Ciudades importantes del sur del país: _____ , _____ y

_____

Joyas arquitectónicas: _____ , _____ y

_____

Plaza importante: _____

Famosa atracción turística: _____

Nombre que se le da a Valencia: _____

Tierra del vino: _____

Danza típica: _____

Famoso escritor español: _____

Poetas de fama internacional: _____ , _____ y

_____

Pintores conocidos mundialmente: _____ , _____ y

_____ .

Laboratory Activities

I. Para escuchar y contestar

Diálogos: El futuro director

The dialogues will be read first without pauses. Pay close attention to the speakers' intonation and pronunciation.

Ángel Estévez Peña es un chico sevillano muy simpático que está comprometido con Marisol, una chica de Granada que conoció en la escuela secundaria. Los dos pertenecen a un grupo de teatro de aficionados y hoy están en la casa de Marisol, esperando al resto de los muchachos para ensayar una obra de teatro que van a presentar el mes que viene. Están sentados en un sofá, conversando.

MARISOL	—Me gusta el teatro, pero creo que sería interesante filmar una película. Cuando era chica no me perdía una, especialmente si era una comedia musical o una película de misterio.
ÁNGEL	—Yo prefería las de guerra, las de acción, o las de ciencia ficción, especialmente si tenían efectos especiales...
MARISOL	—¡Ay, Ángel! Los verdaderos actores y las grandes actrices no necesitamos efectos especiales si la trama es buena.
ÁNGEL	—A mí me gustaría dirigir... seguir los pasos de Almodóvar, o de Spielberg, por ejemplo, o estar a cargo de la programación de un canal... o quizás ser crítico y tener mi propia columna en un periódico importante... ¡Yo creo que tendría éxito!
MARISOL	—(Bromeando) Bueno... a mí me dijeron que tú criticabas a todo el mundo, así que eso te vendría de perillas...
ÁNGEL	—(Se ríe) ¡Por eso no te hablo de mis ilusiones! ¡Porque te burlas de mí...!
MARISOL	—No, guapo. Me gusta tomarte el pelo a veces, pero tú sabes que estoy loquita por ti...
ÁNGEL	—¡Y yo por ti! Oye, ¿a qué hora te dijeron los chicos que iban a estar aquí?
MARISOL	—Bueno... eran las dos cuando hablé con Álvaro y él me dijo que estaban a veinte minutos de mi casa.
ÁNGEL	—Entonces no tenemos tiempo de ver un documental sobre el baile flamenco que ponen en el Canal 2. ¿Por qué no lo grabamos?
MARISOL	—No sabía que te interesaba el baile flamenco...
ÁNGEL	—Bueno... al fin y al cabo tengo dos hermanas que son bailarinas... tus futuras cuñadas...
MARISOL	—Es verdad. Oye, ¿y cuándo van a ser mis cuñadas...?
ÁNGEL	—A ver... ¿a cuánto estamos hoy? A 15 de julio, ¿no? ¿Qué te parece si la boda es en diciembre...? Si quieres casarte con un futuro director de cine...
MARISOL	—(Lo abraza.) ¡Sí! ¡Sí!
ÁNGEL	—Tocan el timbre... Ya están aquí...
MARISOL	(Que sigue en los brazos de su prometido) —¡Que esperen...!

Now the dialogues will be read with pauses for you to repeat what you hear. Imitate the speakers' intonation and pronunciation.

Preguntas y repuestas

You will now hear questions about the dialogue. Answer each one, omitting the subject. The speaker will confirm your response. Repeat the correct response.

Situaciones

The speaker will present several situations based on the dialogue. Respond appropriately in Spanish to each situation. The speaker will confirm your response. Repeat the correct response. Follow the model.

MODELO:　You ask a friend if she remembers your brother.
¿Te acuerdas de mi hermano?

II. Pronunciación

When you hear the number, read the corresponding sentence aloud. Then listen to the speaker and repeat the sentences.

1. Ángel Estévez es un chico sevillano.
2. Pertenecen a un grupo de teatro de aficionados.
3. Sería interesante filmar una película.
4. Las grandes actrices no necesitamos efectos especiales.
5. Yo creo que tendría éxito.
6. Al fin y al cabo tengo dos hermanas que son bailarinas.

III. ¡Vamos a practicar!

A. Answer the following, using the cues provided and paying special attention to the prepositions **a, de, con,** and **en.** The speaker will confirm your response. Repeat the correct response. Follow the model.

MODELO:　—¿A qué universidad asiste Ana? (Universidad Central)
　　　　　—**Asiste a la Universidad Central.**

1.	(cenar)	6.	(las llaves)
2.	(el tango)	7.	(no)
3.	(Ángel)	8.	(España)
4.	(Marisol)	9.	(ensayar hoy)
5.	(mis amigos)	10.	(Sevilla)

B. Answer the following questions, using the cues provided. Pay special attention to the uses of the prepositions **por** and **para.** The speaker will verify your response. Repeat the correct reponse. Follow the model.

> MODELO: —¿Compraste las entradas? (no, por desgracia / no poder)
> —**No, por desgracia no pude comprarlas.**

1. (no)
2. (los sábados)
3. (sí, por fin)
4. (practicar español)

5. (sí, para siempre)
6. (sí, por suerte)
7. (sí, por supuesto)

C. You will now hear some statements. Respond to each one, saying **lógico** if the statement is logical or **ilógico** if the statement is illogical. The speaker will confirm your response. Follow the model.

> MODELO: Piensan quedarse en esta casa para siempre. Se mudan el mes entrante.
> **Ilógico**

IV. Ejercicios de comprensión

A. You will hear three statements about each picture. Circle the letter of the statement that best corresponds to the picture. The speaker will verify your response.

1.

   a b c

2.

   a b c

3.

   a b c

4.

   a b c

5.

   a b c

B. Before listening to the dialogues in this section, study the comprehension questions below. Reviewing the questions ahead of time will help you to remember key information as you listen.

1. ¿Qué le pregunta Jorge a Mirta?
2. ¿Cuándo van a presentar la obra teatral?
3. ¿Ya están listos para presentar la obra?
4. ¿Por qué dice Jorge que no tiene que ser perfecta?
5. ¿Qué tipo de película vio Teresa el otro día?
6. ¿Le gustó?
7. ¿Qué dijeron los críticos de la película?
8. ¿Teresa está de acuerdo con los críticos?
9. ¿Por qué está Pablo de acuerdo con los críticos?
10. ¿Qué le interesa más a Teresa, la trama o la actuación?

V. Para contestar

The speaker will ask you some questions. Answer each question, using the cue provided. The speaker will verify your response. Repeat the correct response.

1. (en la escuela secundaria)
2. (no)
3. (las comedias musicales)
4. (no, nunca)
5. (mi hermano)
6. (a veinte minutos)
7. (no)
8. (de ciencia ficción)
9. (sobre España)
10. (Spielberg)

Name _____ Section _____ Date _____

VI. Para escuchar y escribir

Tome nota

You will hear a conversation between two friends about different movies. First listen carefully for general comprehension. Then, as you listen for a second time, fill in the information requested.

Nombre de la película	Tipo de película	Cine
1.		
2.		
3.		
4.		
5.		

Dictado

The speaker will read six sentences. Each sentence will be read twice. After the first reading, write what you heard. After the second reading, check your work and fill in what you missed.

1. _____
2. _____
3. _____
4. _____
5. _____
6. _____

Hasta ahora... Una prueba

Let's combine the structure and the vocabulary from lessons 17 and 18. How much can you remember?

A. Complete the following exchanges, using the present indicative, the imperfect subjunctive, or the pluperfect subjunctive, of the verbs given.

1. —Fue una lástima que tú no _____ (poder) ir al teatro conmigo.

   —Yo habría ido si no _____ (tener) que trabajar.

2. —¿Tú esperabas que esa película _____ (ser) un éxito?

   —¡No, yo dudaba que le _____ (gustar) al público!

3. —¿Cuántos años tiene esa actriz?

   —Tiene cincuenta años, pero actúa como si _____ (tener) sólo treinta.

4. —¡Me pidieron que _____ (trabajar) en una película del oeste!

   —¿Y tú aceptaste?

   —No, pero si la película _____ (ser) de misterio, habría aceptado.

5. —¿Qué quería el director que tú _____ (hacer)?

   —Quería que yo _____ (ensayar) todo el día.

6. —No me dieron el puesto que solicité.

   —Te lo habrían dado si _____ (tú)(tener) mejores cartas de recomendación.

7. —¿Vas a ir al cine mañana?

   —Sí, si no _____ (tener) que trabajar, iré.

8. —¿Te ofrecieron el puesto de traductor?

   —No, pero si me lo _____ (ofrecer) lo habría aceptado.

9. —¿Consiguió Alberto el trabajo que solicitó?

   —Sí, y yo me alegré mucho de que _____ (dárselo).

10. —¿Sabes quién va a ser el protagonista de la película?

    —No, pero si el director _____ (venir) hoy, se lo preguntaré.

11. —Ese supervisor siempre está dando su opinión.

—Sí, él habla como si lo _____ (saber) todo.

12. —¿Compraste una computadora nueva?

—No, pero si _____ (tener) dinero la habría comprado.

B. Complete the following sentences using the Spanish equivalent of the words in parentheses.

1. Yo quiero _____ flamenco. Y mi novio dice que él va a

_____. (*learn to dance / teach me how to dance it*)

2. Carlos se _____ Rosalía, pero no se

_____ ella. Su mamá se _____ que

no se casaran. (*fell in love with / married to / was glad*)

3. Yo nunca _____ lo que ella

_____. (*notice / has on*)

4. _____ no pude conseguir el dinero que necesitaba.

Y _____ no pude hacer el viaje. (*unfortunately / that's why*)

5. Me gusta mucho este país. Me voy a quedar a vivir aquí _____. (*forever*)

6. Mirta va a llegar a las ocho _____. Ella prometió estar

aquí hoy _____. (*latest / without fail*)

7. _____ muy pocas personas

_____ cuando alguien les hace un favor.

(*Nowadays / express gratitude*)

8. Pensamos ir a visitarlas en junio. Haremos el viaje _____ mes.

(*the first part of the*)

C. Arrange the following vocabulary in groups of three, according to categories.

correspondencia	fax	aumento	sueldo	obra de teatro
entrevistar	película	supervisor	puesto	computadora
procesador de textos	ratón	música	intérprete	supervisor
correo electrónico	actor	trabajo	ensayar	orquesta
grupo musical	carta	asistente	criticar	pantalla
escribir a máquina	cine	candidato	traductor	actuación
obra teatral	jefe	columna	salario	presidente
videograbadora	facsímil	gerente	actriz	administrador
fotocopiadora	filmar	empleo	entrevista	crítico

1. _____   _____   _____

2. _____   _____   _____

3. _____   _____   _____

4. _____   _____   _____

5. _____   _____   _____

6. _____   _____   _____

7. _____   _____   _____

8. _____   _____   _____

9. _____   _____   _____

10. _____   _____   _____

11. _____   _____   _____

12. _____   _____   _____

13. _____   _____   _____

14. _____   _____   _____

15. _____   _____   _____

Un paso más

A. Read the ad below, and then answer the questions that follow.

Compañía Multinacional de Importaciones

necesita

Administrador
para sus oficinas en Madrid

Requisitos:
- Ser graduado de administración de negocios
- Tener amplios conocimientos de informática
- Hablar inglés y francés además de español
- Tener, por lo menos, tres años de experiencia
- Estar dispuesto a viajar frecuentemente
- Ser graduado de Admimistración de Negocios
- Tener entre 30 y 45 años de edad

Ofrecemos:
Excelente salario, beneficios, seguro médico
y oportunidades de ascender en la compañía

Enviar résumé y tres cartas de recomendación a

Calle Alcalá, 524
Madrid, España

1. ¿A qué negocio se dedica la Compañía Multinacional?

   _____

2. ¿En qué ciudad va a trabajar la persona que consiga el puesto?

   _____

3. ¿Qué debe haber estudiado la persona que va a desempeñar el trabajo?

   _____

4. ¿De qué debe tener conocimientos?

   _____

5. ¿Qué idiomas debe poder hablar?

_____

6. ¿Cuántos años de experiencia debe tener?

_____

7. Una persona a la que no le gusta viajar, ¿debe solicitar el puesto? ¿Por qué?

_____

8. Un joven de veinticinco años, ¿debe solicitar el trabajo o no? ¿Por qué?

_____

9. ¿Cómo es el salario que ofrece la Compañía?

_____

10. ¿Qué tipo de beneficios puede recibir la persona que consiga el trabajo?

_____

11. ¿Qué debe enviar al hacer su solicitud?

_____

12. ¿Adónde debe enviar lo que se le pide?

_____

B. Write an e-mail to your sister, telling her about the last movie you saw. Tell her about the plot, the actor/actress, the type of movie it was, and give your opinion about the movie. If you know the opinion of the critics, mention it and say if you agree with them or not and why.